司馬相如列傳第五十七　史記一百一十七

（索隱曰右不宜在西南夷之下）

司馬相如者蜀郡成都人也字長卿少時好讀
書學擊劒（索隱曰呂氏春秋劒伎云持短入長倏忽縱橫之術也魏文典論云餘好擊劒以短乘長
是也）故其親名之曰犬子（索隱曰孟康云愛而字之也）相如既學
（索隱曰案秦密云文翁遣相如受七經）慕藺相如之爲人更名相如
以貲爲郎事孝景帝爲武騎常侍（索隱曰張揖曰秩六百石
常侍從格猛獸）非其好也會景帝不好辭賦是時梁孝王
來朝從游說之士齊人鄒陽淮陰枚乘吳莊忌
夫子之徒（徐廣曰名忌字夫子。索隱曰案鄒陽傳云枚先生嚴夫子則此夫子是美稱時人以爲號爾

而徐廣云字爲非漢書作嚴忌者案忌本姓莊避明帝諱改姓嚴也）相如見而說之因病
免客游梁梁孝王令與諸生同舍相如得與諸
生游士居數歲乃著子虛之賦會梁孝王卒相
如歸而家貧無以自業素與臨卭令王吉相善
吉曰長卿乆宦遊不遂而來過我於是相如往
舍都亭（索隱曰案臨卭郭下之亭也）臨卭令繆爲恭敬日往朝相
如相如初尚見之後稱病使從者謝吉吉愈益
謹肅臨卭中多富人而卓王孫家僮八百人程
鄭亦數百人二人乃相謂曰令有貴客爲具召
之幷召令令既至卓氏客以百數至日中謁司

馬長卿長卿謝病不能往臨卭令不敢嘗食自往迎相如相如不得已彊往一坐盡傾酒酣臨卭令前奏琴曰竊聞長卿好之願以自娛相如辭謝爲鼓一再行 索隱曰案古樂府長歌行短歌行皆曲引也此言鼓一再行謂一兩曲 是時卓王孫有女文君新寡好音故相如繆與令相重而以琴心挑之 郭璞曰以琴中音挑動之。索隱曰張揖云挑嬈也以琴中嬈之挑音徒了反嬈音如了反其詩曰鳳兮鳳兮歸故鄉遊遨四海求其皇有一艷女在此堂室邇人遐毒我腸何由交接爲鴛鴦也又曰鳳兮鳳兮從皇棲得托子尾永爲妃交情通體必和諧中夜相從別有誰 相如之臨卭從車騎雍容閒雅甚都 韋昭曰閒讀曰閑甚得都邑之容也郭璞曰都猶姣也詩曰恂美且都 及飲卓氏弄琴文君竊從戶窺之心悅而好之恐不得當也既罷相如乃使人重賜文君侍者通殷勤文君夜亡奔相如 索隱曰郭璞云婚不以禮爲節也 相如乃與馳歸家居徒四壁立 郭璞曰言貧窮也○索隱曰案孔文祥云徒空也家空無資儲但有四壁而已言就此中以安立也 卓王孫大怒曰女至不材我不忍殺不分一錢也人或謂王孫王孫終不聽文君久之不樂曰長卿第俱如臨卭 索隱曰文穎云第且也郭璞云第發語之急耳如往也 從昆弟假貸猶足爲生何至自苦如此相如與俱之臨卭盡賣其車騎買一酒舍酤酒而令文君當鑪 韋昭曰鑪酒肆也以土爲墮邊高似鑪 相如身自著犢鼻褌 韋昭曰今三尺作布形如犢鼻矣稱此者言其無恥也今銅

印言犢組此其類矣與保庸雜作方言曰保庸謂之南方奴婢賤稱也滌器於市中韋昭曰瓦器也每食必滌溉者卓王孫聞而恥之爲杜門不出昆弟諸公郭璞曰諸公父行也更謂王孫曰有一男兩女所不足者非財也今文君已失身於司馬長卿長卿故倦游郭璞曰猒游宦也雖貧其人材足依也且又令客獨奈何相辱如此卓王孫不得已分予文君僮百人錢百萬及其嫁時衣被財物文君乃與相如歸成都買田宅爲富人居久之蜀人楊得意爲狗監侍上郭璞曰主獵犬也上讀子虛賦而善之曰朕獨不得與此人同時哉得意曰臣邑人司

馬相如自言爲此賦上驚乃召問相如相如曰有是然此乃諸侯之事未足觀也請爲天子游獵賦賦成奏之上許令尚書給筆札相如以子虛虛言也爲楚稱郭璞曰稱說楚之美烏有先生者徐廣曰烏一作惡烏有此事也爲齊難郭璞曰詰難楚事也無是公者無是人也明天子之義郭璞曰以爲折中之談也故空藉此三人爲辭索隱曰藉音假借與積同音以推天子諸侯之苑囿其卒章歸之於節儉因以風諫奏之天子天子大說其辭曰楚使子虛使於齊齊王悉發境內之士備車騎之衆與使者出田田罷子虛過詫烏

有先生（郭璞曰詫誇也音託夏反索隱曰過音戈詫音勑亞反。）而無是公在焉坐定烏有先生問曰今日田樂乎子虛曰樂獲多乎曰少然則何樂曰僕樂齊王之欲夸僕以車騎之衆而僕對以雲夢之事也曰可得聞乎子虛曰可王駕車千乘選徒萬騎田於海濱列卒滿澤罘罔彌山（郭璞曰罘罝也音浮。正義曰說文云罘兔罟也今幡車罟也弥竟也）揜兔轔鹿射麋腳麟（徐廣曰轔音吝駰案郭璞曰腳掎足轔車轢。索隱曰韋昭云腳謂持一腳也司馬彪曰腳掎也說文云掎偏引一腳也）鶩於鹽浦割鮮染輪（郭璞曰鹽浦海邊地多鹽鹵鮮生肉也染擩也音而泓反又音而捝反擩之於輪鹽而食之鶩馳也音務。索隱曰染或爲淬與下文脟割輪淬意同也）射中獲多矜而自功顧謂僕曰楚亦有平原廣澤游獵之地饒樂若此者乎楚王之獵何與寡人（郭璞曰與猶如也）僕下車對曰臣楚國之鄙人也幸得宿衛十有餘年時從出游游於後園覽於有無然猶未能徧覩也又惡足以言其外澤者乎齊王曰雖然略以子之所聞見而言之僕對曰唯唯臣聞楚有七澤嘗見其一未覩其餘也臣之所見蓋特其小小者耳（索隱曰郭璞曰特獨也）名曰雲夢（索隱曰褚詮音亡棟反又音莫風反裴駰云孫叔敖激沮水作此澤張揖云楚藪也在南郡華容縣郭璞曰江夏安陸有雲夢城南郡枝江亦有雲夢城華容縣又有巴丘湖俗云即古雲夢澤也則張揖云在華容者指此湖也今案安陸東見有雲夢城雲夢縣而枝江亦有者蓋縣名遠取此澤故有城也）雲夢者方九

百里其中有山焉其山則盤紆岪鬱隆崇嵂崒
岑巖參差日月蔽虧漢書音義曰高山壅蔽日月虧缺半見。索隱曰案漢書注此卷多不題注者姓名解者云是張揖亦兼有餘人也交錯糾紛上干青雲罷池
陂陁下屬江河其土則丹青赭堊徐廣曰一作瑕○索隱曰張揖云赭赤土出少室山堊白堊本草云一名白墡也雌黃白坿徐廣曰音符騶案漢書音義曰白符白石英也○索隱曰白坿出魯陽山蘇林音附○正義曰藥對曰雌黃出武都山谷與雄黃同山錫碧金
銀正義曰顏云錫青金也碧謂玉之青白色者也衆色炫燿照爛龍鱗郭璞曰如龍之鱗采其石則赤玉玫瑰郭璞曰赤瑾也見楚辭玫瑰石珠也琳瑉琨
珸漢書音義曰琳球也瑉石次玉者琨珸山名也出善金尸子曰昆吾之金者○索隱曰司馬彪曰琨珸石之次玉也河圖云流州多積石名琨珸石鍊之成鐵以作劒光明如水精案字或作昆吾也瑊玏玄厲徐廣曰瑊音古咸反玏音勒皆次玉者騶案漢書音義曰玄厲黑石可用磨者碝石武夫徐廣曰石似玉騶案漢書音義曰碝石出鴈門武夫出長沙也其東則有蕙圃衡蘭芷若射
干穹窮昌蒲漢書音義曰衡杜衡也其狀若葵其臭如麋蕪芷白芷若杜若○索隱曰司馬彪云蕙香草也本草云薰草一名蕙廣志云蕙草綠葉紫莖魏武帝以此燒香今東下田有草莖葉似麻其華正紫也張揖云衡杜衡東下田有草生天帝之山案山海經云葉如葵臭如蘪蕪可以走馬博物志云一名土杏味亂細辛葉似葵故藥對亦以爲似細辛也蘭秋蘭本草云芷一名茝埤蒼云脊茝一曰囂字林曰茝音昌亥反又音昌里反囂音火高反本草又曰杜若一名杜衡今杜若葉似薑而有文理莖葉皆有長毛古今名號不同故其所呼別也廣雅云烏逢射干本草名烏扇也司馬彪云芎藭似藁本郭璞云今歷陽呼爲江離淮南子云夫亂人者若芎藭之與藁本也江離蘪
蕪諸蔗猼且徐廣曰猼音匹沃反騶案漢書音義曰江離香草蘪蕪蘄芷也似蛇床而香諸蔗甘柘也猼且蘘荷也○索隱曰吳錄曰臨海縣開水中生江離正青似亂髮即離騷所云者是也廣志云赤葉紅華則與張

勃所說又別案今芎藭苗曰江離綠葉白華又不同樊光曰藁本一名蘪蕪根名蘄芷藥對以爲蘪蕪一名江離芎藭苗也則芎藭藁本江離蘪蕪並相似備是一物也傅音普各反且音子餘反漢書作巴且文頴云巴蕉也郭璞以爲蘘荷屬未知孰是**其南則有平原廣澤登降陁靡**音移靡**案衍壇曼**索隱曰司馬彪云案衍窊下壇曼平博也衍音弋單反壇音徒旦反**緣以大江限以巫山**郭璞曰巫山今在建平巫縣也**其高燥則生葴蘄苞荔**徐廣曰葴音針馬藍也蘄或曰草生水中華可食荔音力詣反草似蒲騶案漢書音義曰苞藨也。索隱曰蘄音斯郭璞云葴酸漿江東名烏葴析漢書作斯孟康云斯禾似燕麥廣志云涼州地生析草皆中國苗燕麥是也**薜莎青薠**徐廣曰薜音先結反騶案漢書音義曰薜賴蒿也莎鎬侯也青薠似莎而大也音煩**其卑溼則生藏莨蒹葭東蘠雕胡**徐廣曰烏柏國有蘠似蓬草實如葵子十月熟騶案漢書音義曰藏似薍而葉大莨莨尾草也蒹蘼也葭蘆也。索隱曰卑音婢卑下也郭璞云莨尾似茅蒹葭音兼加孟康云蒹葭似蘆也郭璞云蒹蔽也似萑而細小江東人呼爲蒹蒿又云葭蘆也似葦而細小江東人呼爲烏蓲薍音五患反蔽音敵廣志云東蘠子色青黑河西記云貸我東蘠償我白粱也雕胡謂菰米**蓮藕菰蘆**徐廣曰生水中。索隱曰郭璞云菰蔣也蘆葦也**菴閭軒芋**漢書音義曰奄閭蒿也軒芋蕕草也。索隱曰郭璞云菴閭子可療病也軒芋生水中今楊州有也**衆物居之不可勝圖**郭璞曰圖畫也**其西則有湧泉清池激水推移外發芙蓉蔆華內隱鉅石白沙其中則有神龜蛟鼉**正義曰郭注山海經云蛟似蛇而四腳小細頭有白嬰大者數十圍卵生子如一二斛瓮吞人鼉似蜥蜴而大身有甲皮可以冒鼓**瑇瑁**正義曰似觜蠵甲有文出南海可以飾器物也**鼈黿其北則有陰林巨樹**郭璞曰林在山北陰地**楩柟豫章**郭璞曰楩杷也似梓柟葉似桑豫章大木也生七年乃可知也。正義曰按溫活人云豫今之枕木也章今之樟木也二木生至七年枕樟乃可分別**桂椒**正義曰郭云桂似枇杷葉

而大白花花而不著子藂生巖嶺間無雜木冬夏常青按今諸寺有桂樹葉若枇杷而小光静冬夏常青其皮不中食蓋二色桂樹**木蘭**正義曰廣雅云似桂皮辛可食葉冬夏常似冬〻其實如小甘辛美南人以爲梅也**蘗**

離朱楊徐廣曰蘗音扶戾反駰案郭璞曰木蘭樹皮辛香可食漢書音義曰離山梨朱楊赤楊也○索隱曰郭璞云朱楊赤莖柳生水邊爾雅云檉河柳是也**樝梸梬栗橘柚芬芳**徐廣曰梬音郢駰案漢書音義曰梬梬棗也○正義曰小曰橘大曰柚樹有刺冬〻不凋葉青花白子黃亦二樹相似非橙也**其**

上則有赤猨蠷蝚徐廣曰音劬柔○正義曰蠷蠷劬蝚蝚柔皆猿猴類**鵷鶵孔**

鸞騰遠射干郭璞曰鵷雛鳳屬也孔孔雀鸞鸞鳥也漢書音義曰騰遠鳥名射干似狐能緣木○索隱曰孟康云騰遠鳥名非也司馬彪云騰遠蛇也郭璞云騰蛇龍屬能興雲霧**其下則有白虎**

玄豹蟃蜒貙豻郭璞曰蟃蜒大獸長百尋貙似貍而大漢書音義曰豻胡地野犬似狐而小也○索隱曰應劭云豻音顏韋昭一音岸鄒誕生音苦姦反協音是**兕象野犀**正義曰兕狀如水牛象大獸長鼻牙長一丈俗呼爲江猨犀頭似猨一角在額漢書無此一句**窮奇獌狿於是乃**

使專諸之倫手格此獸楚王乃駕馴駮之駟漢書音義曰馴擾也駮如馬白身黑尾一角鋸牙食虎而駕之以當駟馬也**乘雕玉之輿靡魚**

須之橈旃郭璞曰以海魚須爲旒旌言橈弱也通帛爲旃也**曳明月之珠旗**漢書音義曰以明月珠綴飾旗**建干將之雄戟**漢書音義曰干將韓王劒師雄戟胡中有鮔干將所造也○索隱曰應劭曰干將吳善冶者姓如淳曰干將鐵所出晉灼曰闔閭鑄干將劒應劭說是方言云戟中小孑刺者所謂雄戟也周禮風土記云戟爲五兵雄也鮔音巨案周禮冶氏爲戈胡三之注云胡其孑也又周禮圖謂戟反曲下爲胡也**左烏嗥之雕弓**索隱曰張揖云黃帝乘龍上仙小臣不得上挽持龍髯髯拔墮黃帝弓羣臣抱弓而號故名烏號見封禪書及郊祀志文又韓詩外傳云弓工之妻曰此弓是太山南烏號之柘棨淮南子云烏號柘桑其材堅勁烏棲其上將飛枝勁復起摽呼其上伐取其材爲弓因曰烏號古史考風俗通皆同此說也**右**

夏服之勁箭徐廣曰韋昭云夏夏羿也矢室名曰服呂靜曰步义謂之服也○索隱曰案夏羿善射者又服箭之室故云夏服又夏后氏有良弓名繁弱其矢亦良即繁弱箭服也陽子驂乘纖阿爲御漢書音義曰陽子僊人陽陵子纖阿月御也韋昭曰陽子古賢也○索隱曰張揖云陽子伯樂也孫陽字伯樂秦繆公臣善御者也或曰纖阿美女姣好貌又樂彥曰纖阿山名有女子處其巖月歷數度躍入月中因爲月御也郭璞云纖阿古之善御者案節未舒索隱曰郭璞曰言頓轡也司馬彪云案轡而行得節故曰案節馬足未展故曰未舒亦爲得也即陵狡獸轔邛邛蹵距虛郭璞曰邛邛似馬而青距虛即邛邛變文互言之穆天子傳曰邛邛距虛日走五百里也軼野馬而轊騊駼徐廣曰轊音鉈騊案郭璞曰野馬如馬而小騊駼似馬轊車軸頭○索隱曰轊音衞謂軸頭轊而殺之騊音陶駼音塗乘遺風而射游騏漢書音義曰遺風千里馬爾雅曰巂如馬一角不角者騏也○索隱曰呂氏春秋云遺風之乘古今注曰秦始皇馬名韋昭曰騏如馬無角非麒麟之騏巂音携儵眒淒浰徐廣曰淒音七見反浰音

力詣反駰案漢書音義曰皆疾貌靁動熛至星流霆擊弓不虛發中必決眥韋昭曰在目所指中必決於眼眥也洞胷達腋絕乎心繫獲若雨獸揜草蔽地於是楚王乃弭節裴回郭璞曰或云節今之所杖信節也○索隱曰司馬彪云弭猶伭也翶翔容與索隱曰郭璞曰言自得覽乎陰林觀壯士之暴怒與猛獸之恐懼徼谻受詘徐廣曰谻音劇駰案郭璞曰谻疲極也詘盡也言獸有倦游者則徼而取之○索隱曰司馬彪云徼遮也谻倦也謂遮其倦者谻音劇詘音屈說文云谻勞也燕人謂勞爲谻徼音古堯反殫睹衆物之變態於是鄭女曼姬郭璞曰曼姬謂鄧曼姬婦人之摠稱○正義曰文穎云鄭國出好女曼者其色理曼澤也如淳云鄭女夏姬也曼姬楚武王夫人鄧被阿錫漢書音義曰阿細繒也錫布也○正義曰按東阿出繒也揄紵縞徐廣曰揄音史○正義曰揄曳也韋昭云紵之色若縞也顏云紵織紵也縞鮮支也雜

纖羅垂霧縠郭璞曰言細如霧垂以覆頭襞積褰縐紆徐委曲
鬱橈谿谷漢書音義曰襞積簡齰也褰縮也縐裁也其縐中文理鬱迴曲有似於谿谷也○索隱曰小
顔云此説非也襞積今之帬攝古謂之皮弁素積是也蘇林曰褰縐縮蹙之也縐音側救反齰音助革反裁音在代反曲
字林音丘欲反衯衯裶裶索隱曰郭璞曰衣長貌○正義曰上芳云反下方非反揚袘卹
削徐廣曰袘音迤衣袖也騶案漢書音義曰卹削裁制貌也○索隱曰張揖云揚舉也卹削刻除貌也蜚纖
垂髾徐廣曰纖音芟騶案郭璞曰纖袿衣飾髾髻髾也扶與猗靡郭璞曰淮南所謂曾
折摩地扶與猗委也○正義曰輿音餘猗於綺反謂鄭女曼姬侍從王者扶其車輿而猗靡噏呷萃蔡
漢書音義曰噏翕呷衣裳張起也萃蔡衣聲也○索隱曰韋昭云呷音呼甲反郭璞云萃蔡猶璀璨也○正義曰呷火甲反
萃音翠蔡千賄反下摩蘭蕙上拂羽蓋錯翡翠之威蕤徐廣
曰錯音措或作錯紛翠蕤繆繞玉綏郭璞曰綏所執以登車○正義曰顔云下靡蘭蕙謂垂髾也上拂羽

蓋謂飛纖也玉綏以玉飾綏也言飛纖垂髾錯雜翡翠之旌幡或繞玉綏也張揖云翡翠大小一如雀雄赤曰翡雌青曰
翠博物志云翡身通黑唯胷前背上翼後有赤毛翠身通青黄唯六翮上毛長寸餘青其飛則羽鳴翠翡翠翡然因以爲
名也縹乎忽忽若神仙之仿佛正義曰佛言似神仙也戰國策云鄭之美女粉
白黛黑而立於衢不知者謂之神仙於是乃相與獠於蕙圃郭璞曰獠獵也音遼
○索隱曰爾雅云宵獵曰獠媻珊勃窣上金隄索隱曰媻珊匍匐上下也窣音素忽反
揜翡翠射鵕鸃漢書音義曰鵕鸃鳥似鳳也○索隱曰司馬彪曰鵕鸃山鷄也許愼云鷩鳥也
郭璞曰似鳳有光彩音浚宜李彤云鵕鸃神鳥飛光竟天也微矰出纖繳施徐廣曰繳音斫
弋白鵠連駕鵝郭璞曰野鵝也駕音加○索隱曰爾雅云鴚鵝也○正義曰鵠水鳥也駕鵝
連謂兼獲也抱朴子云千歲之鵠純白能登於木雙鶬下玄鶴加郭璞曰詩云弋言加之是
也○正義曰司馬彪云鶬似鴈而黑亦呼爲鶬括韓詩外傳云胎生也相鶴經云鶴壽二百六十歲則色純黑按弋雙鶬

既下又加玄鳥之上也怠而後發游於清池浮文鷁漢書音義曰鷁水鳥也畫其象於船首淮南子曰龍舟鷁首天子之乘也揚桂枻徐廣曰音曳駰案韋昭曰枻檝也張翠帷建羽蓋罔瑇瑁釣紫貝郭璞曰紫質黑文也○正義曰毛詩蟲魚疏云貝水之介蟲大者蚢音下郎反小者為貝其白質如玉紫點為文皆成行列當大者徑一尺小者七八寸今九眞交趾以為杯盤寶物也貨殖傳云貝寶龜是摐金鼓吹鳴籟漢書音義曰摐撞也籟簫也榜人歌郭璞曰唱櫂歌也榜船也音謗聲流喝徐廣曰烏邁反水蟲駭波鴻沸涌泉起奔揚會礧石相擊硠硠礚礚若雷霆之聲聞乎數百里之外將息獠者擊靈鼓郭璞曰靈鼓六面也起烽燧車案行騎就隊纚乎淫淫班乎裔裔郭璞曰皆羣行貌也於是楚王乃登陽雲之臺徐廣曰宋玉云楚王游於陽雲之臺駰案郭璞曰在雲夢之中泊乎無為澹乎自持勺藥之和具而後御之郭璞曰勺藥五味也不若大王終日馳騁而不下輿脟割輪淬自以為娛徐廣曰淬千內反駰案郭璞曰脟膊淬染也脟音臠也臣竊觀之齊殆不如於是王默然無以應僕也

烏有先生曰是何言之過也足下不遠千里來況齊國郭璞曰言有惠況也王悉發境內之士而備車騎之衆以出田乃欲戮力致獲以娛左右也何名為夸哉問楚地之有無者願聞大國之風烈先生之餘論也今足下不稱楚王之德厚而盛推雲夢以為高奢言淫樂而顯侈靡竊為足下不

取也必若所言固非楚國之美也有而言之是章君之惡無而言之是害足下之信章君之惡而傷私義二者無一可而先生行之必且輕於齊而累於楚矣且齊東有巨海 索隱曰有作陼蘇林云陼音渚小洲曰渚謂東有大海之渚也 南有琅邪 郭璞曰山名在琅邪縣界○正義曰山名在密州東南百三十里琅耶臺在山上 觀乎成山 徐廣曰在東萊不夜縣○索隱曰張揖云觀闕也於山上築宮闕郭璞言在小遊觀音一喚反○正義曰封禪書云成山斗入海言上山觀也括地志云成山在萊州文登縣東北百八十里也 射乎之罘 漢書音義曰之罘山在牟平縣射獵其上也○正義曰括地志云罘不山在萊州文登縣西北百九十里言射獵其上也罘音浮 浮勃澥 漢書音義曰海別枝名也○索隱曰案齊都賦云海傍曰勃斷水曰澥也 游孟諸 郭璞曰宋之藪澤名○正義曰周禮職方氏青州藪曰望諸鄭玄云望諸孟豬也 邪與肅慎爲

鄰 正義曰邪謂東北接之括地志云靺鞨國古肅慎也亦曰挹婁在京東北八千四百里南去扶餘千五百里東及北各抵大海也 右以湯谷爲界 正義曰言右者北向天子也海外經云湯谷在黑齒北上有扶桑木水中十日所落張揖云日所出也許愼云熱如湯 秌田乎青丘傍偟乎海外 正義曰服虔云青丘國東海東三百里郭云青丘山名上有田亦有國出九尾狐在海外 吞若雲夢者八九其於胷中曾不蔕芥 索隱曰張揖云蔕芥刺鯁也郭璞云言不覺有也 若乃俶儻瑰偉異方殊類珍怪鳥獸萬端鱗萃充仞其中者不可勝記禹不能名契不能計 正義曰禹爲堯司空辨九州土地山川草木禽獸契爲司徒敷五教主四方會計言二人猶不能名計其數 然在諸侯之位不敢言游戲之樂苑囿之大先生又見客 索隱曰先生指子虛也如淳曰見賓客禮待故也李善曰言見先生是賓客之也 是以

王辭而不能復索隱曰郭璞曰復荅也何爲無用應哉無是
公听然而笑郭璞曰听笑貌也○索隱曰听音斷又音牛隱反曰楚則失矣
齊亦未爲得也夫使諸侯納貢者非爲財幣所
以述職也郭璞曰諸侯朝於天子曰述職言述所職見孟子封疆畫界者非
爲守禦所以禁淫也郭璞曰禁絶淫放也今齊列爲東藩
而外私肅慎捐國踰限越海而田其於義故未
可也且二君之論不務明君臣之義而正諸侯
之禮徒事爭游獵之樂苑囿之大欲以奢侈相
勝荒淫相越此不可以揚名發譽而適足以貶
君自損也且夫齊楚之事又焉足道邪君未睹
夫巨麗也獨不聞天子之上林乎左蒼梧右西
極郭璞曰西極國也○正義曰文穎云蒼梧郡屬交州在長安東南故言左爾雅云西至於豳國爲極在長安西故言
右丹水更其南漢書音義曰丹水出上洛冢領山紫淵徑其北郭璞
曰紫淵所未詳○正義曰山海經云紫淵水出根耆之山西流注河文穎云西河穀羅縣有紫澤其水紫色注亦紫在縣
北於長安爲北終始霸滻出入涇渭索隱曰張揖曰霸出藍田西北而入渭滻亦出
藍田谷北至霸陵入霸霸滻二水盡於苑中不出故云終始也涇渭二水從苑外來又出苑去也涇水出安定涇陽縣开頭
山東至陽陵入渭渭水出隴西首陽縣鳥鼠山東北至華陰入河酆鄗潦潏郭璞曰皆水流貌音
決○索隱曰張揖曰酆水出鄠縣南山酆谷北入涇渭鎬水在昆明池北郭璞云鎬水豐水下流也應劭云潦流也潏涌
出聲也案張揖云潏水出南山姚氏云潦或作澇澇水出鄠縣北注渭潏水出杜陵今名沈水自南山皇子陂西北流注
昆明池入渭案此下文八川分流則從涇渭霸滻豐鎬潦潏爲八晉灼則云計從丹水以下至潏除潦爲行潦凡九從霸

滻以下爲數九七案今滈既是水名除丹水紫淵自霸以下通數適足八川是經營乎其內也又潘岳關中記曰涇渭霸滻豐鎬潦潏上林賦所謂八川分流也紆餘委蛇經營乎其內蕩蕩兮八川分流相背而異態郭璞曰八川名在上東西南北馳騖往來出乎椒丘之闕行乎洲淤之浦郭璞曰椒丘丘名言有巖闕也見楚辭淤亦洲名蜀人云見方言○索隱曰服虔云丘名也案兩山俱起象雙闕故云椒丘之闕楚詞曰馳椒丘且焉止息是也如淳云丘多椒也徑乎桂林之中郭璞曰桂林林名也見南海經也過乎泱莽之野漢書音義曰山海經所謂大荒之野汨乎渾流順阿而下郭璞曰阿大陵赴隘陝之口觸穹石激堆埼郭璞曰穹隆大石貌堆沙堆埼曲岸頭音祈沸乎暴怒洶涌滂濆洶音許勇反涌音勇旁音浦橫反濆音浦拜反○索隱曰司馬彪曰洶湧跳起貌澎濆波相捩也湧或作容澎或作滂滭浡

潏汨索隱曰司馬彪云滭沸盛貌潏汨去疾也○正義曰畢勃密三音汨于筆反湢測泌瀄郭璞曰逼側筆櫛四音○索隱曰司馬彪曰湢測相迫也泌瀄相楔也橫流逆折轉騰潎洌索隱曰蘇林曰流輕疾也澎濞沆瀣索隱曰瀣亦作溉司馬彪云滂濞水聲沆溉徐流也郭璞云鼓怒鬱䰀之貌也○正義曰澎普彭反濞普祕反沆胡朗反瀣胡代反穹隆雲撓索隱曰服虔云水急旋回如雲屈曲也郭璞云水瀧起回窊也蜿蟺膠戾索隱曰司馬彪云蜿蟺展轉也膠戾邪曲也音宛善交戾四音○正義曰蜿音婉蟺音善踰波趨浥徐廣曰烏俠反○索隱曰司馬彪云踰波後陵前也趨浥輸於深泉也莅莅下瀨索隱曰司馬彪云莅莅聲也音利批巖衝壅正義曰批白結反巖巖司馬彪云批反擊也壅曲隈也奔揚滯沛索隱曰郭璞云滯沛水灑散貌滯音丑制反臨坻注壑正義曰坻音遲坻水中沙微起出水者也爾雅云水阯曰坻壑墟也瀺灂霣墜索隱曰瀺音士湛反灂音士卓反說文云水之小聲也○正義曰霣

音隕隧直類反湛湛徐廣曰湛音沈隱隱砰磅訇礚正義曰砰披萌反磅蒲黃
反訇呼宏反礚苦蓋反皆水流鼓怒之聲也潏潏淈淈湁潗鼎沸郭璞曰湁
音敕立反潗音緝○索隱曰郭璞云皆水微轉細湧貌潏淈音決淈廣雅云淈淈決流也周成雜字云湁潗水沸之貌也
馳波跳沫徐廣曰一云吸呷汩急漂疾索隱曰晉灼云急音華給反郭璞云許立反汩
急急轉貌也悠遠長懷正義曰放散貌也寂漻無聲肆乎永
歸然後灝溔潢漾正義曰晃養二音郭云皆水無涯際也安翔徐徊
翯乎滈滈索隱曰翯音鶴滈音縞詩曰白鳥翯翯郭璞云水白光貌翯音皜滈音昊也東
注太湖正義曰太湖在蘇州西南衍溢陂池於是乎蛟龍赤螭
正義曰螭丑知反文穎云龍子爲螭張揖曰雌龍也一說皆非廣雅云有角曰虬无角曰螭按此皆龍類而非龍鮔
鱑螹離徐廣曰螹音漸駰案郭璞曰鮔鱑鮪也音亘曹螹離未聞○正義曰鮔古鄧反鱑末鄧反李奇云周
洛曰鮪蜀曰鮔鱑出鞏山穴中三月遡河上能度龍門之限則爲龍矣鰅鰫鰬魠徐廣曰鰅音娛皮有
文出樂浪鰬音虔魠音託哆口魚駰案郭璞曰鰫似鰱而黑漢書音義曰鰬似鯉而大也禺禺鱋魶徐廣
曰禺禺魚牛也鱋一作魼音榻魶音納一作鰨駰案漢書音義曰魼比目魚也魶鯷魚揵鰭擢尾振
鱗奮翼潛處于深巖魚鼈讙聲萬物衆夥明月
珠子玓瓅江靡郭璞曰靡崖也○索隱曰應劭云明月珠子生於江中其光耀乃照於江邊也
○正義曰揵音乾鰭音祁揵舉也鰭者魚背上鬣也蜀石黃碝郭璞曰碝石黃色也水玉磊
砢郭璞曰水玉水精也磷磷爛爛采色澔汗叢積乎其中鴻
鵠鷫鴇鴐鵝鸀鳿郭璞曰鷫鷞霜鸀鳿似鴨而大長頸赤目紫紺色也○索隱曰鴇音保郭
璞云鴇似鴈而无後指毛詩鳥獸疏云鴇似鴈而虎文也○正義曰鸀鳿屬玉二音郭云似鴨而大長頸赤目紫紺色辟
水毒生子在深谷澗中若時有雨鴨雌者生子善鬭江東呼爲屬玉鵁鶄鶮目徐廣曰鶮音環索隱曰郭

璞云旋目未詳小顔云荆郢間有水鳥大如鷺而短尾色紅白深目目旁毛皆長而旋此其是乎旋音旋漢書亦作旋目○正義曰郭云交青似鳧而胁高有毛冠辟火災 **煩鶩鷛鰈** 徐廣曰煩鶩一作番鰇鷛音容駰案漢書音義曰煩鶩鳧也鷛鰈似鶩灰色而雞足○索隱曰郭璞云煩鶩鴨屬鷛鰈一名章渠也 **箴鴜鵁鸕** 徐廣曰箴音斟水鳥也鴜音斯鵁音火交反駰案漢書音義曰箴鴜蒼黑色郭璞曰鵁魚鵁也腳近尾鸕鸕鴜也○索隱曰張揖曰箴鴜似魚虎而蒼黑鄒誕本作鵝鴜也 **羣浮乎其上汎淫泛濫** 索隱曰郭璞云皆鳥任風波自縱漂貌汎音馮泛音芳劒反廣雅云汎汎汜汜羣浮也 **隨風澹淡與波搖蕩掩薄草渚** 正義曰掩覆也薄依也言或依草渚而遊戲也 **唼喋菁藻** 郭璞曰菁水草呂氏春秋曰太湖之菁也○索隱曰左傳云蘋蘩蘊藻蘊聚也○正義曰唼跡甲反喋丈甲反鳥食之聲也 **咀嚼菱藕於是乎崇山巃嵸崔巍嵳峩** 正義曰巃力孔反嵸子孔反崔在回反巍五回反郭云皆峻貌 **深林巨木嶄巖篸嵳** 正義曰嶄音咸又仕銜反嵾參音楚林反嵳楚宜反顔云嶄巖尖銳貌嵾參嵳不齊也 **九嵕巀嶭南山峩峩** 漢書音義曰九嵕山在左馮翊谷口縣西巀嶭山在池陽縣北○正義曰嵕子公反巀才切反嶭五結反 **巖陁** 音遲 **甗錡摧崣崛崎** 郭璞曰陁崖際甗音魚晚反錡音蟻摧音作罪反○索隱曰陁音豸皆隆屈衆折貌崎音倚崛音掘 **振谿通谷** 索隱曰張揖云振拔也水注川曰溪注溪曰谷郭璞云振猶灑之也 **蹇產溝瀆** 漢書音義曰蹇產屈折也 **谽呀豁閜** 郭璞曰皆澗谷之形容也谽音呼含反呀音呼加反閜音呼下反○索隱曰司馬彪云谽呀大貌豁閜空虛也 **阜陵別島** 正義曰高平曰陸大陸曰阜大阜曰陵水中山曰島 **崴磈嵔廆** 正義曰崴於鬼反磈魚鬼反嵔烏罪反廆胡罪反皆高峻貌 **丘墟堀礨** 正義曰虛音墟堀口忽反又口罪反礨力罪反皆堆壟不平貌 **隱轔鬱壘** 正義曰壘音律郭云皆其形勢也 **登降施靡** 正義曰郭云施靡猶連延 **陂池貏豸** 郭璞曰貏音衣被豸音蟲豸也○索隱曰郭璞云陂池旁頽貌陂音皮貏音被

沇溶淫鬻索隱曰郭璞云游激淖衍貌○正義曰溶音容鬻音育張云水流谿谷之間散渙
夷陸索隱曰司馬彪曰夷平也廣平曰陸亭皋千里靡不被築郭璞曰言
爲亭候於皋隰皆築地令平賈山所謂隱以金椎也掩以綠蕙正義曰張云綠王芻也蕙薰草也顔云綠
蕙言蕙草色綠耳非王芻也爾雅云菉一名王芻被以江離糅以蘼蕪正義曰糅
女又反雜以流夷漢書音義曰流夷新夷也尃結縷徐廣曰尃古布字一作怖駰案漢書
音義曰結縷似白芧蔓聯而生布種之者欑戾莎徐廣曰草可染紫揭車衡蘭槀
本射干徐廣曰揭音桀駰案郭璞曰揭車一名乞輿槀本槀茇射干十月生皆香草○索隱曰案桐君藥錄
槀本苗似穹藭茈薑蘘荷索隱曰張揖云茈薑子薑也案四民月令生薑謂之茈薑音紫○正義曰
蘘人羊反柯根旁生笋若芙蓉可以爲葅又治蟲毒也葴橙若蓀郭璞曰葴未詳橙柚若蓀香草
也○索隱曰姚氏以爲此前後皆草非橙柚也漢書作葴持小顔云葴寒漿也持當爲符字之誤爾符鬼目也案今讀者
亦呼爲登謂登草也姚氏云蓀草似昌蒲而無脊也生溪澗中蓀音孫鮮枝黃礫郭璞曰皆未詳○索
隱曰張揖云皆草也司馬彪云鮮支即今支子或云鮮支亦香草也小顔云黃礫者黃屑木恐非也蔣芧青
薠徐廣曰芧音佇駰案漢書音義曰蔣菰也芧三稜○索隱曰薠音煩布濩閎澤延曼
太原麗靡廣衍應風披靡吐芳揚烈郭璞曰香酷烈也郁
郁斐斐衆香發越肸蠁布寫晻曖苾勃正義曰晻曖奄
愛二音皆芳香之盛也詩云苾苾芬芬氣也於是乎周覽氾觀瞋盼軋沕
徐廣曰瞋音丑人反盼一作緡駰案郭璞曰皆不可分貌芒芒恍忽視之無端察
之無崖日出東沼入於西陂索隱曰張揖云日朝出苑之東池暮入於苑西
陂中也其南則隆冬生長踊水躍波獸則㺎旄貘
犛徐廣曰㺎音容獸類也犛音狸一音茅駰案郭璞曰旄旄牛貘似熊庳腳鋭頭犛牛黑色出西南徼外也○索

隱曰郭璞云犛犛牛領有肉堆即今之犎牛也張揖云㹇㹇牛其狀如牛而四節生毛獏白豹也似熊庳脚鋭鬐骨無髓食銅鐵音陌犛音狸又音茅或以爲猫牛毛可爲旄是也**沈牛麈麋**漢書音義曰沈牛水牛也○正義曰麈似鹿而大按麋似水牛**赤首圜題**郭璞曰題額也所未詳**窮奇象犀**漢書音義曰窮奇狀如牛而蝟毛其音如嗥狗食人也○索隱曰郭璞云象大獸長鼻牙長一丈犀頭似豬庳脚一角在頭也**其北則盛夏含凍裂地涉冰揭河**郭璞曰言水漫凍不解地拆裂也揭褰衣**獸則麒麟角端**郭璞曰角端音端似豬角在鼻上堪作弓李陵嘗以此弓十張遺蘇武也○索隱曰張揖曰雄曰騏雌曰驎其狀麋身牛尾狼蹄一角郭璞云麒似麟而無角毛詩疏云麟黃色角端有肉京房傳云麟有五綵腹下有黃色也張揖云角端似牛角可以爲弓**騊駼橐駝蛩蛩驒騱駃騠驢騾**正義曰騊駼桃徒二音橐音託駝徒河反蛩音其恭反驒騱顛奚二音駃騠決啼**於是乎離宮別館彌山跨谷**正義曰彌滿也跨猶騎也言宮館滿山又跨谿谷也**高廊四注重坐曲閣**郭璞曰重坐重軒也曲閣閣道曲也**華榱璧璫**索隱曰韋昭曰裁玉爲璧以當榱頭司馬彪曰以璧爲瓦之當也**輦道纚屬步櫩周流長途中宿**郭璞曰途樓閣間陛道中宿言長遠也**夷嵕築堂纍臺增成巖突洞房**郭璞曰嵕山名平之以安堂其上成亦重也周禮曰爲壇三成在巖穴底爲室潛通臺上者○索隱曰服虔曰平嵕山以爲堂也張揖云重累而成之故曰增成突音一弔反釋名以爲突幽也楚詞云冬有突廈室寒王逸以爲複室也**俛杳眇而無見仰攀橑而捫天奔星更於閨闥宛虹拖於楯軒**徐廣曰楯音食尹反○正義曰拖音徒我反顏云宛虹屈曲之虹拖謂中加於上也楯軒之闌板也言室宇之高故星虹得經加之**青虯蚴蟉於東箱**正義曰蚴一糺反蟉力糺反**象輿婉蟬於西清**漢書音義曰山出象輿瑞應車也郭璞曰西清西箱清淨地也○正義曰婉蟬宛善二音顏云蚴蟉婉蟬皆行動之貌也**靈圄燕於**

間觀郭璞曰靈圉淳圉仙人名也○索隱曰張揖云靈圉衆仙號淮南子云騎飛龍從淳圉是也偓佺之倫暴於南榮漢書音義曰偓佺仙人名也○索隱曰韋昭曰古仙人姓偓列仙傳云槐里採藥父也食松形體生毛數寸方眼能行逮走馬也應劭曰南榮屋檐兩頭如翼也故鄭玄云榮屋翼也七諫云飛榮似鳥翥是也暴偃卧日中也醴泉涌於清室通川過乎中庭槃石裖崖徐廣曰裖音昏○索隱曰如淳曰裖音振裖盛多也李奇云裖整也整頻池外之厓音之忍反嶔巖倚傾嵳峩磼碟徐廣曰峩一作池磼音雜碟音五合反○索隱曰埤蒼云磼碟高貌也磼音士劫反碟魚揖反又字林音磼才匝反碟五帀反刻削崢嶸正義曰郭云言自然若彫刻也玫瑰碧琳珊瑚叢生正義曰郭云珊瑚生水底石邊大者樹高三尺餘枝格交錯無有葉瑉玉旁唐索隱曰郭璞云旁唐言盤薄璸斒文鱗徐廣曰璸音彬斒音班赤瑕駁犖索隱曰說文云瑕玉之小赤色張揖曰赤玉也司馬彪云駁犖采點也犖音洛角反雜臿其

間徐廣曰雜一云插插一云遝垂綏琬琰和氏出焉徐廣曰垂綏一作朝采駰案郭璞曰汲冢竹書曰桀伐岷山得女二人曰琬曰琰桀愛二女斵其名于苕華之玉苕是琬華是琰也於是乎盧橘夏孰郭璞曰今蜀中有給客橙似橘而非若柚而芬香冬夏華實相繼或如彈丸或如拳通歲食之即盧橘也○索隱曰應劭云伊尹書曰果之美者箕山之東青馬之所有盧橘夏孰晉灼曰此雖賦上林博引異方珎奇不係於一也案廣州記云盧橘皮厚大小如甘酢多九月結實正赤明年二月更青黑孰吳録云建安有橘冬月樹上覆裹明年夏色變青黑其味甚甘美盧即黑色是也黃甘橙楱徐廣曰音湊橘屬枇杷橪柿徐廣曰橪音而善反果也○索隱曰張揖云橪橪支香草也韋昭曰橪音汝蕭反郭璞云橪支木也橪音烟此說爲近說文曰橪酸小棗也淮南子云伐橪棗以爲矜音勤楟柰厚朴徐廣曰楟音亭山梨○索隱曰司馬彪曰上黨謂之楟柰齊都賦云楟柰熟也厚朴藥名也梬棗楊梅徐廣曰梬音弋井反梬棗似柿○索隱曰張揖曰楊梅實似穀子而有核其味酢出江南荆楊異物志其實外內著核熟時正赤味甘酸

也
櫻桃蒲陶郭璞曰蒲陶似燕薁可作酒也○索隱曰張揖曰櫻桃一名含桃呂氏春秋云鸎鳥所含故曰含桃爾雅謂之荆桃也
隱夫欝棣榙㯰荔枝徐廣曰欝一作薁榙音荅駰案郭璞曰欝車下李也棣實似櫻桃荅㯰似李棣音逮㯰音沓隱夫未聞○索隱曰晉灼曰荔枝大如鷄子皮麤剥去皮肌如鷄子中黃其味甘多酢少廣志云樹高五六丈如桂樹緑葉冬夏青茂有華朱色荔字或作離音力致反
羅乎後宮列乎北園貤丘陵郭璞曰貤猶延也音施
下平原揚翠葉杌紫莖郭璞曰杌摇也
發紅華秀朱榮煌煌扈扈照曜鉅野沙棠櫟櫧漢書音義曰沙棠似棠黃華赤實其味如李呂氏春秋曰果之美者沙棠之實櫟果名櫧似榹葉冬不落也
華氾檘櫨徐廣曰氾一作楓駰案漢書音義曰華木皮可以為索也○索隱曰古今字林云櫨合樺也郭璞云楓似白楊素圓而岐有脂而香犍為舍人曰楓為樹厚葉弱莖大風則鳴故曰攝攝檘平仲木也亦云火槖木一云玉精食其子得仙也
留落胥餘仁頻并閭

徐廣曰頻一作賓駰案郭璞曰落欆也胥餘似并閭并閭欆也皮可作索餘未詳○索隱曰晉灼曰留翩未詳司馬彪云胥邪樹高十尋葉在其末異物志實大如瓠繫在顛若挂物實外有皮中有核如胡桃核裏有膚厚半寸如豬膏裏有汁斗餘清如水味美於蜜也孟康曰仁頻欆也姚氏云檳一名欆即仁頻也林邑記云樹葉似甘焦頻音賓
欃檀木蘭豫章女貞漢書音義曰欃檀檀別名也女貞木葉冬不落○索隱曰欃音讒皇覽云孔子墓後有欃檀樹也荆州記宜都有喬木叢生名為女貞
長千仞大連抱夸條直暢實葉葰茂攢立叢倚連卷累佹崔錯癹骫古委字
阬衡閜砢徐廣曰癹音拔駰案郭璞曰骫音委閜音惡可反砢音魯可反○索隱曰郭璞云崔錯癹骫者蟠戾相樛也阬衡閜砢者揭孽傾欹貌也
垂條扶於落英幡纚郭璞曰扶於猶扶疎也幡纚偏幡也音灑○索隱曰皆飛揚貌也纚音所綺反
紛容蕭蔘旖旎從風索隱曰張揖云旖旎猶阿那也
瀏莅芔吸徐廣曰莅音栗○索隱曰郭璞云皆林木鼓動之声瀏音

留莅如字𦍑古卉字吸音翕蓋象金石之聲正義曰金鐘石磬管籥之音正義曰廣雅云象篪長一尺圍一寸有六孔無底籥謂之笛有七孔說文云籥三孔籟也柴池茈虒徐廣曰柴音差虒音豸○索隱曰張揖云柴池參差也茈虒不齊也茈音差虒音側氏反旋環後宮雜遝累輯徐廣曰雜一作插被山緣谷循阪下隰視之無端究之無窮於是玄猿素雌蜼玃飛鸓徐廣曰蜼音于季反駰案漢書音義曰蜼似獮猴仰鼻而長尾玃似獮猴而大飛鸓飛鼠也其狀如兔而鼠首以其顲飛也○索隱曰郭璞曰蠝鼯鼠也紫毛赤色飛且生一名飛生蜼音贈遺之遺蠝音誄玄猿猿之雄者黑色也素雌猿之雌者素色也玃音古約反蜼今狖尾端爲兩岐天雨便以尾插鼻兩孔郭璞云玃色蒼黑能玃搏人故云玃也蛭蜩蠼蝚徐廣曰蛭音質駰案漢書音義曰山海經曰不咸之山有飛蛭四翼郭璞曰蠼蝚似獮猴而黃蜩未聞○索隱曰張揖云蛭蟣也蜩蟬也蠼猱獮猴也顧氏云獶音塗卓反山海經云鼻塗山下有獸似鹿馬足人首四角名爲蠼獶猱即此也字或作

蠼郭璞云蠼非也上巳有蜼玃此不應重見又神異經云西方深山有獸毛色如猴能緣高木其名爲蜩字林云蠼音欲蛭蜩二獸名螹胡縠蛫徐廣曰螹音在廉反似猨黑身縠音呼谷反蛫音詭駰案漢書音義曰縠白狐子也○索隱曰張揖云螹胡似獮猴頭上有髮要以後黑郭璞曰縠似鼬而大要以後黃一名黃要食獮猴蛫未聞姚氏案山經云即山有獸狀如龜白身赤首其名曰蛫又說文云螹胡黑身白要若帶手有長白毛似握板也棲息乎其間長嘯哀鳴翩幡互經正義曰郭云互經互相經過夭蟜枝格偃蹇杪顛正義曰夭音妖蟜音矯杪音弭沼反郭云皆猨猴在樹共戲恣態也夭蟜頻申也於是乎隃絕梁正義曰張云絕梁斷橋也郭云梁厚石絕水也騰殊榛正義曰榛仕斤反爾雅云木叢生爲榛也殊異也捷垂條正義曰捷音才業反張云捷特懸垂之條踔稀閒郭璞曰踔縣蹢也託釣反牢落陸離爛曼遠遷正義曰郭云奔走崩騰走也顏云言其聚散不常雜亂移徙若此輩者數千百處嬉游往

來宮宿館舍庖廚不徙後宮不移 正義曰說文云庖廚屋鄭玄注周礼云庖之言苞也苞裹肉曰苞苴也後宮內人也言宮館各自有 百官備具於是乎背秋涉冬天子校獵乘鏤象六玉虯 徐廣曰以玉爲飾駰案郭璞曰鏤象山所出輿言有雕鏤虯龍屬也韓子曰黃帝駕象車六交龍是也 拖蜺旌 正義曰拖音徒可反張云析毛羽染以五采綴以縷爲旌有似虹蜺氣 靡雲旗 正義曰張云畫熊虎於旌似雲氣也 前皮軒後道游 郭璞曰皮軒革車也或曰即曲禮前有士師則載虎皮者也道道車游游車皆見周礼也 孫叔奉轡衛公驂乘 漢書音義曰孫叔者大僕公孫賀也衛公者衛青也大僕御大將軍驂乘也 扈從橫行出乎四校之中 郭璞曰言跋扈從恣心不安鹵簿矣○索隱曰晉灼曰扈大也文穎曰凡五校今言四者一隨天子乘輿也 鼓嚴簿縱獠者 漢書音義曰鼓嚴嚴鼓也簿鹵簿也騶謂鼓嚴於林簿之中然後縱獠也 江河爲阹泰山爲櫓 郭璞曰櫓望樓也因山谷遮禽獸爲阹者去車反 車騎靁起隱天動地先後陸離離散別追淫淫裔裔緣陵流澤雲布雨施生貔豹 郭璞曰貔執夷虎屬也音毗 搏豺狼 正義曰搏擊也杜林云豺似狛白色說文云狼爪 手熊羆 正義曰張云熊犬身人足黑色羆大於熊黃白色皆能攀沿上高樹冬至入穴而蟄沿春而出也 足野羊 郭璞曰野羊如羊千斤手足謂拍蹹殺人 蒙鶡蘇 徐廣曰蘇尾也○索隱曰孟康云鶡鶡尾也蘇析羽也張揖曰鶡似雉雞鬭死不却案蒙謂覆而取之鶡以蘇爲奇故特言之以成文耳鶡音曷決疑注云鳥尾爲蘇也 絝白虎 徐廣曰絝音袴駰案郭璞曰絝謂絆絡之○索隱曰張揖曰著白虎文絝也 被豳文 郭璞曰著斑衣○索隱曰輿服志云虎賁騎鶡冠武文单衣即此斑文也 跨野馬 索隱曰跨乘之也 陵三嵕之危 漢書音義曰三嵕三成之山 下磧歷之坻 郭璞曰磧歷陂名也○正義坻音遲磧歷淺水中沙石也坻水中高處言獵人下此也 徑陵赴險越壑厲

水推蜚廉郭璞曰飛廉龍雀也鳥身鹿頭者弄解豸漢書音義曰解豸似鹿而一角人君刑罰得中則生於朝廷主觸不直者可得而弄也○索隱曰解音蟹豸音丈尒反格瑕蛤鋋猛氏漢書音義曰瑕蛤猛氏皆獸名○索隱曰晉灼曰蝦蛤闕郭璞曰今蜀中有獸狀如熊而小毛淺有光澤名猛氏說文鋋小矛也音蟬罥騕褭射封豕郭璞曰騕褭神馬日行万里封豕大猪兩音窈嫋箭不苟害解脰陷腦索隱曰張揖云脰項也陷音苦念反亦依字讀也弓不虛發應聲而倒於是乎乘輿彌節裴回翺翔往來睨部曲之進退覽將率之變態然後浸潭促節索隱曰浸潭猶漸冉也漢書作浸淫或作乘輿案節也儵夐遠去郭璞曰夐音詡盛反流離輕禽蹵履狡獸轊白鹿捷狡兔徐廣曰轊音銳一作叀也○正義曰轊音衛抱朴子云白鹿壽千歲滿五百歲色純白也晉徵祥記云白鹿色若霜不與他鹿為羣軼赤電遺光耀

徐廣曰超陵赤電電光不及言去速也追怪物出宇宙正義曰恠物謂游梟飛虡也張云天地四方曰宇往古來今曰宙許慎云宙舟輿所極也按許說宙是也彎繁弱正義曰上烏彎反文穎云彎牽也繁弱夏后氏良弓名左傳云分魯公以夏后之璜封父之繁弱滿白羽正義曰文穎云引弓盡箭鏑為滿以白羽羽箭故云白羽也射游梟櫟蜚虡郭璞曰梟梟羊也似人長脣反踵被髮食人飛虡鹿頭龍身神獸櫟梢也擇肉後發先中命處弦矢分藝殪仆徐廣曰射准的曰藝藝仆音赴然後揚節而上浮陵驚風歷駭猋正義曰上音必遙反小雅云扶搖暴風從下升上故曰猋乘虛無與神俱正義曰張云虛无寥廓與元通靈言其所乘氣之高故能出飛鳥之上而與神俱也轔玄鶴亂昆雞徐廣曰轔音躪○正義曰轔音吝鶴二百六十歲則淺黑色也遒孔鸞促鵔鸃拂鷖鳥捎鳳皇漢書音義曰遒秦由反鷖烏雞反張云山海經云九疑之山有五采之鳥名曰鷖鳥也正義捎山交反

房易傳云鳳皇鴈前麟後雞喙燕頷蛇頸龜背魚尾駢翼高丈二尺東山經云其狀如鶴五采而首文曰經翼文曰順背
文曰義膺文曰仁股文曰信是鳥自歌自舞雄曰鳳雌曰皇捷鵷鶵掩焦明鵷明似鳳○索
隱曰張揖云鵷明西方之鳥也樂汁圖徵曰鵷明狀似鳳皇宋衷曰水鳥也○正義曰按長喙踈翼員尾非幽閑不集非
珍物不食道盡塗殫迴車而還招搖乎襄羊索隱曰郭璞曰襄羊
猶仿佯降集乎北紘郭璞曰紘維也北方之紘曰委羽率乎直指闇乎
反鄉蹷石闕歷封巒過鳷鵲望露寒徐廣曰鳷音支駰案漢書
音義曰皆甘泉宮左右觀名也下棠梨漢書音義曰宮名也在雲陽縣東南三十里息宜春
正義曰括地志云宜春宮在雍州萬年西南三十里西馳宣曲濯鷁牛首漢書音義
曰宣曲宮名在昆明池西牛首池名在上林苑西頭登龍臺漢書音義曰觀名在豐水西北近渭掩
細柳正義曰郭云觀名在昆明南柳市觀士大夫之勤略鈞獠者

之所得獲徐廣曰鈞一作診也觀徒車之所轔轢正義曰轔踐也轢輾也
乘騎之所蹂若徐廣曰蹂音人久反人民之所蹈躤與其
窮極倦谻徐廣曰音劇驚憚讋伏不被創刃而死者
佗佗籍籍塡坑滿谷揜平彌澤於是乎游戲
懈怠置酒乎昊天之臺索隱曰張揖曰臺高上干皓天也張樂乎
轇輵之宇徐廣曰輵音葛○索隱曰郭璞云言曠遠深貌也撞千石之鐘立
萬石之鉅建翠華之旗樹靈鼉之鼓郭璞曰木貫鼓中加
羽葆其上所謂樹鼓奏陶唐氏之舞聽葛天氏之歌漢書音義曰葛天氏
古帝王號也呂氏春秋曰葛天氏之樂三人操牛尾投足以歌○索隱曰張揖曰葛天氏三皇時君號也呂氏春秋云其
樂三人持牛尾投足以歌八闋一曰戴民二曰玄鳥三曰遂草木四曰奮五穀五曰敬天常六曰建帝功七曰依地德八

曰揔禽獸之極千人唱萬人和山陵為之震動徐廣曰一作勳川谷為之蕩波巴俞宋蔡淮南于遮郭璞曰巴西閬中有俞水獠人居其人皆剛勇好舞漢高募此以平三秦後使樂府習之因名巴俞舞也漢書音義曰于遮歌曲名○索隱曰張揖曰禮樂記云宋音宴女溺志蔡人謳貟三人楚詞云吳謠蔡謳淮南貟四人于遮曲是其意也文成顛歌郭璞曰未聞也○索隱曰文穎曰文成遼西縣名其縣人善歌顛益州顛縣其人能作西南夷歌顛即滇字族舉遞奏徐廣曰舉一作居金鼓迭起鏗鎗鐺鼛洞心駭耳郭璞曰鐺鼛鼓音荊吳鄭衛之聲韶護武象之樂陰淫案衍之音鄢郢繽紛激楚結風郭璞曰激楚歌曲也列女傳曰聽激楚之遺風也○索隱曰激楚急風也結風回風亦急風也楚地風氣既自漂疾然歌樂者猶復依激結之急風以為節其樂促迅哀切也俳優侏儒狄鞮之倡徐廣曰韋昭云狄鞮地名在河內出善倡者所以

娛耳目而樂心意者麗靡爛漫於前索隱曰郭璞云言恣其觀也列女傳曰桀造爛漫之樂靡曼美色於後索隱曰張揖曰靡細曼澤也韓子曰曼服皓齒也若夫青琴宓妃之徒漢書音義曰皆古神女名○索隱曰伏儼曰青琴古神女也如淳曰宓妃伏羲女溺死洛水遂為洛水之神宓音伏絕殊離俗索隱曰郭璞曰俗無雙也妖冶嫺都索隱曰郭璞云妖好也都雅也詩云姣人嫽兮方言云自關而東河濟之間凡好或謂之姣音絞說文曰嫺雅也或作閑漢書本作閑靚莊刻飭便嬛婥約郭璞曰靚莊粉白黛黑也柔橈嬛嬛徐廣曰音娟○索隱曰柔橈嬛嬛皆骨體耎弱長豔貌也廣雅云嬛嬛容也張揖曰嬛嬛猶婉婉也娬媚姌嫋徐廣曰姌音乃冉反嫋音弱○索隱曰埤倉云嫵媚悅也通俗文云頰輔謂之嫵媚郭璞云姌嫋細弱也小顏曰細弱揔謂骨體也抴獨繭之褕袘徐廣曰抴音曳襜褕○索隱曰張揖曰袘袖也郭璞曰獨繭繭絲也埤倉云袘衣長貌也眇閻易以戌削徐廣曰閻易衣長貌

戍削言如刻畫作之媥姺徶循郭璞曰衣服婆娑貌○正義曰媥白服反姺音先徶音白結反循音屑
與世殊服芬香漚鬱酷烈淑郁皓齒粲爛宜笑
的皪索隱曰郭璞曰鮮明貌也楚詞曰美人皓齒以姱又曰娥眉笑以的皪音礫也長眉連娟微
睇緜藐索隱曰郭璞曰連娟眉曲細也緜藐視遠貌也娟音一全反睇音大計反藐音邈色授
魂與心愉於側索隱曰張揖曰彼色來授我我魂往與接也愉音踰往也恍也二義並通於
是酒中樂酣天子芒然而思似若有亡曰嗟乎
此泰奢侈朕以覽聽餘閒無事棄日順天道以
殺伐時休息於此恐後世靡麗遂往而不反非
所以爲繼嗣創業垂統也於是乃解酒罷獵而
命有司曰地可以墾辟悉爲農郊以贍萌隸隤

史記列傳五十七　二十五

牆填塹使山澤之民得至焉實陂池而勿禁正義
曰實滿也言人滿陂池任采捕所取也虛宮觀而勿仞正義曰仞音刃亦滿也言離宮別館
勿令人居上並廢罷也發倉廩以振貧窮補不足恤鰥寡存
孤獨出德號省刑罰改制度易服色更正朔與
天下爲始於是歷吉日以齊戒襲朝衣乘法駕
建華旗鳴玉鸞游乎六藝之囿正義曰六藝云云書田獵記則遍游六藝而
疾驅於仁義之道也騖乎仁義之塗覽觀春秋之林郭璞曰春秋所以觀
成敗明善惡者射貍首兼騶虞禮射義曰天子以騶虞爲節諸侯以貍首爲節騶虞者樂官備
也貍首者樂會時也弋玄鶴建干戚載雲罕揜群雅漢書音義曰大雅小
雅也○索隱曰張揖曰罕車也前有九旒雲罕之車說者以雲罕爲旌旗皆非也且案中朝鹵簿圖云雲罕駕駟不兼言

九旒罕車與九旒車別也揜捕也張揖曰詩小雅之材七十四人大雅之材三十一人故曰羣雅也悲伐檀索隱曰張揖曰其詩刺賢者不遇明主樂樂胥索隱曰毛詩桑扈云君子樂胥受天之祜言王者樂得賢材之人使在位故天與之福祿也胥音先呂反樂音洛修容乎禮園正義曰禮所以自修飾整威儀也翱翔乎書圃正義曰尚書所以明帝王君臣之道也述易道正義曰易所以絜靜微妙上辨二儀陰陽中知人事下明地理也言田獵乃射訖又歷涉六經之要也放怪獸正義曰張云苑中奇怪之獸不復獵也登明堂坐清廟正義曰明堂有五帝廟故言清廟王者朝諸侯之處恣羣臣奏得失四海之內靡不受獲正義曰言天下之人無不受恩惠於斯之時天下大說嚮風而聽隨流而化喟然興道而遷義索隱曰漢書作芔然猶歘然也音許貴反刑錯而不用德隆乎三皇功羨於五帝索隱曰司馬彪云羨溢也音怡戰反若此

故獵乃可喜也若夫終日暴露馳騁勞神苦形罷車馬之用抏士卒之精索隱曰抏音五官反費府庫之財而無德厚之恩務在獨樂不顧衆庶忘國家之政而貪雉兔之獲則仁者不由也從此觀之齊楚之事豈不哀哉地方不過千里而囿居九百是草木不得墾辟而民無所食也夫以諸侯之細而樂萬乘之所侈僕恐百姓之被其尤也於是二子愀然改容索隱曰郭璞云愀變色貌音作酉反超若自失逡巡避席曰鄙人固陋不知忌諱乃今日見教謹聞命矣賦奏天子以爲郎無是公言天子上林

廣大山谷水泉萬物及子虛言楚雲夢所有甚衆侈靡過其實且非義理所尚故删取其要歸正道而論之索隱曰大顏云不取其夸奢靡麗之論唯取終篇歸於正道耳小顏云删取非謂削除其詞而說者謂此賦已經史家刋剟失其意也

相如爲郎數歲會唐蒙使略通夜郎西僰中徐廣曰羌之別種也音扶逼反○索隱曰張揖曰蒙故鄱陽令今爲郎中使行略取之文穎曰夜郎僰中皆西南夷後以爲牂牁犍爲二郡僰音步比反發巴蜀吏卒千人索隱曰案巴蜀二郡名郡又多爲發轉漕萬餘人用興法漢書曰用軍興法也誅其渠帥巴蜀民大驚恐上聞之乃使相如責唐蒙因喻告巴蜀民以非上意檄曰告巴蜀太守蠻夷自擅不討之日久矣時侵犯邊境勞士大夫陛下即位存撫天下輯安中國然後興師出兵北征匈奴單于怖駭交臂受事詘膝請和康居西域重譯請朝稽首來享移師東指閩越相誅右弔番禺太子入朝索隱曰文穎曰番禺南海郡理也弔至也東伐閩越後至番禺故言右至非也案姚氏弔讀如字小顏云兩國相伐漢發兵救之南越蒙天子德惠故遣太子入朝所以云弔爾非訓至也南夷之君西僰之長常效貢職不敢怠墮延頸舉踵喁喁然正義曰喁五恭反口向上也皆爭歸義欲爲臣妾道里遼遠山川阻深不能自致夫不順者已誅而爲善者未嘗貢故遣中郎將往賓之索隱曰賈逵云賓伏也發巴蜀士民各五百人以奉幣帛

衛使者不然靡有兵革之事戰鬬之患今聞其乃發軍興制驚懼子弟憂患長老索隱曰張揖曰發三軍之衆興制謂起軍法誅渠帥也案唐蒙爲使而用軍興法制故驚懼蜀人也郡又擅爲轉粟運輸皆非陛下之意也當行者或亡逃自賊殺亦非人臣之節也夫邊郡之士聞烽舉燧燔漢書音義曰烽如覆米䉛縣著桔槔頭有寇則舉之燧積薪有寇則燔然之○索隱曰字林云䉛漉米藪也音一六反纂要云䉛淅箕也烽見敵則舉燧有難則焚烽主晝燧主夜皆攝弓而馳索隱曰攝音女頰反荷兵而走流汗相屬唯恐居後觸白刃冒流矢義不反顧計不旋踵人懷怒心如報私讎彼豈樂死惡生非編列之民而與巴蜀異主哉計深慮遠

急國家之難而樂盡人臣之道也故有剖符之封析珪而爵索隱曰如淳曰析中分也白藏天子青在諸侯也位爲通侯居列東第索隱曰列甲第在帝城東故云東第也終則遺顯號於後世傳土地於子孫行事甚忠敬居位甚安佚名聲施於無窮功烈著而不滅是以賢人君子肝腦塗中原膏液潤野草而不辭也今奉幣役至南夷即自賊殺或亡逃抵誅身死無名謚爲至愚恥及父母爲天下笑人之度量相越豈不遠哉然此非獨行者之罪也父兄之教不先子弟之率不謹也寡廉鮮耻而俗不長厚也其被刑戮不

亦宜乎陛下患使者有司之若彼悼不肖愚民之如此故遣信使曉喻百姓以發卒之事因數之以不忠死亡之罪讓三老孝弟以不教誨之過方今田時重煩百姓索隱曰重猶難也已親見近縣恐遠所谿谷山澤之民不徧聞檄到亟下縣道漢書百官表曰縣有蠻夷曰道○索隱曰亟音紀力反亟急也使咸知陛下之意唯毋忽也相如還報唐蒙已略通夜郎因通西南夷道發巴蜀廣漢卒作者數萬人治道二歲道不成士卒多物故費以巨萬計索隱曰案巨萬猶萬萬也數有大小二法張揖曰筭法萬萬爲億是小數也蜀民及漢用事者多言其不便索隱

曰案謂公卿所言也是時邛筰之君長索隱曰文穎曰邛者今爲邛都縣筰者今爲定筰縣皆屬越巂郡也聞南夷與漢通得賞賜多多欲願爲內臣妾請吏比南夷索隱曰謂請置漢吏與南夷爲比例也天子問相如相如曰邛筰冉駹者近蜀道亦易通秦時嘗通爲郡縣至漢興而罷今誠復通爲置郡縣愈於南夷索隱曰張揖曰愈差也又云愈猶勝也晉灼曰南夷謂犍爲牂牁也西夷謂越巂益州也天子以爲然乃拜相如爲中郎將索隱曰四百石五歲遷補大縣令建節往使副使王然于壺充國索隱曰案漢書公卿表太初元年爲大鴻臚卿也呂越人馳四乘之傳因巴蜀吏幣物以賂西夷至蜀蜀太守以下郊迎縣令負弩矢先驅索隱曰案

亭吏名亭長弩矢合是亭長負之今縣令自負矢則亭長當負弩也且負弩是守宰無定或隨時輕重耳按霍去病出擊匈奴河東太守郊迎負弩又魏公子救趙擊秦秦軍解去平原君負韊矢迎公子於界上是也蜀人以爲
寵索隱曰華陽國志云蜀大城北十里有升僊橋送客觀相如初入長安題其門云不乘赤車駟馬不過汝下也於
是卓王孫臨邛諸公皆因門下獻牛酒以交驩
卓王孫喟然而歎自以得使女尚司馬長卿晚索隱曰小顏云尚猶配也本或作當蓋後人改爾而厚分與其女財與男等
同司馬長卿便略定西夷邛筰冉駹斯榆之君
皆請爲內臣索隱曰鄭氏斯音曳張揖云斯俞國也案今斯讀如字益部耆舊傳謂之斯臾華陽國志云邛都縣有四部斯臾一也除邊關關益斥索隱曰張揖曰斥廣也西至
沫若水索隱曰張揖曰沫水出蜀廣平徼外與青衣水合也若水出旄牛徼外至僰道入江華陽國志漢嘉縣有沫水音妹又音末南至牂牁爲徼索隱曰張揖曰徼塞也以木柵水爲蠻夷界通
零關道徐廣曰越嶲有零關縣橋孫水韋昭曰爲孫水作橋以通邛都索隱曰案華陽國志云相如卒開僰道通南中置越嶲郡韓說開益州唐蒙開牂牁斬筰王首置牂牁郡也還報
天子天子大說相如使時蜀長老多言通西南
夷不爲用唯大臣亦以爲然相如欲諫業已建
之不敢索隱曰案業者本也本由相如立此事故不敢更諫乃著書籍以蜀
父老爲辭而己詰難之以風天子且因宣其使
指令百姓知天子之意其辭曰漢興七十有八
載徐廣曰元光六年也德茂存乎六世正義曰高祖惠帝高后孝文孝景孝武威
武紛紜湛恩汪濊索隱曰韋昭云湛音沉羣生澍濡洋溢

乎方外於是乃命使西征隨流而攘（索隱曰攘却也音女羊反）風之所被罔不披靡因朝冉從駹定筰存邛略斯榆舉苞滿（索隱曰服虔云夷種也滿也或作蒲也）結軌還轅（索隱曰張揖云結屈也軌車迹也）東鄉將報至于蜀都耆老大夫薦紳先生之徒二十有七人儼然造焉辭畢因進曰蓋聞天子之於夷狄也其義羈縻勿絕而已（索隱曰案羈馬絡頭也縻牛紖也漢官儀云馬云羈牛云縻言制四夷如牛馬之受羈縻也）今罷三郡之士通夜郎之塗三年於茲而功不竟士卒勞倦萬民不贍今又接以西夷百姓力屈恐不能卒業此亦使者之累也竊爲左右患之且夫邛筰

西僰之與中國並也歷年茲多不可記已仁者不以德來彊者不以力并意者其殆不可乎今割齊民以附夷狄弊所恃以事無用鄙人固陋不識所謂使者曰烏謂此邪必若所云則是蜀不變服而巴不化俗也余尚惡聞若說（索隱曰張揖云惡聞若曹之言也包愷音一故反又音烏烏者安也）然斯事體大固非觀者之所覯也余之行急其詳不可得聞已請爲大夫粗陳其略蓋世必有非常之人然後有非常之事有非常之事然後有非常之功非常者固常之所異也（索隱曰案常人見之以爲異也）故曰非常之原黎民懼焉

索隱曰張揖云非常之事其本難知衆人懼也及臻厥成天下晏如也昔者鴻水浡出氾濫衍溢民人登降移徙陭隔而不安夏后氏戚之乃堙鴻水決江疏河灑沈贍菑徐廣曰灑一作灑○索隱曰灑音鹿菑音災漢書作灑沉澹災解者云灑分也音所宜反澹安也沉深也澹音徒暫反東歸之於海而天下永寧當斯之勤豈唯民哉索隱曰案謂非獨人勤禹亦親其勞也心煩於慮而身親其勞躬胝無胈膚不生毛徐廣曰胝音竹移反胈種也一作腠音湊膚理也胈音魃○索隱曰張揖曰腠一作戚躬躰也戚湊理也韋昭曰胈戚中小毛也胝音真尸反莊子云禹胝無胈脛不生毛李頤云胈白肉也音蒲末反故休烈顯乎無窮聲稱浹乎于茲且夫賢君之踐位也豈特委瑣握䶧索隱曰孔文祥云委瑣細碎握䶧局促也拘文牽俗

循誦習傳當世取說云爾哉必將崇論閎議創業垂統爲萬世規故馳騖乎兼容并包而勤思乎參天貳地索隱曰案天子比德於地是二地也地與已并天爲三是參天也故禮曰天子與天地參是也且詩不云乎普天之下莫匪王土率土之濵莫非王臣毛詩傳曰濵涯也是以六合之内八方之外浸潯衍溢索隱曰案浸潯猶漸浸也懷生之物有不浸潤於澤者賢君恥之今封疆之内冠帶之倫咸獲嘉祉靡有闕遺矣而夷狄殊俗之國遼絶異黨之地舟輿不通人迹罕至政教未加流風猶微内之則犯義侵禮於邊境外之則邪行横作放弑其上

君臣易位尊卑失序父兄不辜幼孤爲奴係纍號泣內嚮而怨曰蓋聞中國有至仁焉德洋而恩普物靡不得其所今獨曷爲遺已舉踵思慕若枯旱之望雨盭夫爲之垂涕徐廣曰盭音戾○索隱曰張揖云狼戾之夫也字或作戾盭古戾字況乎上聖又惡能已故北出師以討彊胡南馳使以誚勁越四面風德二方之君鱗集仰流索隱曰二方謂西夷邛僰南夷牂牁夜郎也願得受號者以億計故乃關沫若漢書音義曰以沫若水爲關徼牂牁鏤零山梁孫原創道德之塗垂仁義之統將博恩廣施遠撫長駕使疏逖不閉索隱曰逖遠言其疏遠者不被閉絕也阻深闇昧得耀乎光明索隱曰阻深漢書作曶爽三蒼云曶爽早朝也曶音妹案字林又音忽也以偃甲兵於此而息誅伐於彼遐邇一體中外提福徐廣曰提作禔音支○索隱曰說文云禔安也音市支反不亦康乎夫拯民於沈溺奉至尊之休德反衰世之陵遲繼周氏之絕業斯乃天子之急務也百姓雖勞又惡可以已哉且夫王事固未有不始於憂勤而終於佚樂者也然則受命之符合在於此矣索隱云張揖云合在於憂勤佚樂之中也方將增泰山之封加梁父之事鳴和鸞揚樂頌上咸五下登三徐廣曰咸一作函駰案韋昭曰咸同於五帝登三王之上○索隱曰李奇曰五帝之德漢比爲減三王之德漢出其上故云減五登三此說非也虞喜志林云相如欲減五帝之一以漢盈之

然以漢爲五帝之數自然是登於三王之上也今本減或作咸是與韋昭之說符也觀者未睹指
聽者未聞音猶鷦明已翔乎寥廓而羅者猶視
乎藪澤悲夫於是諸大夫芒然喪其所懷來而
失厥所以進喟然並稱曰允哉漢德此鄙人之
所願聞也百姓雖怠請以身先之敞罔靡徙因
遷延而辭避索隱曰案敞罔失容也靡徙失正也其後人有上書言相
如使時受金失官居歲餘復召爲郎相如口吃
而善著書常有消渴疾與卓氏婚饒於財其進
仕宦未嘗肯與公卿國家之事稱病閒居不慕
官爵常從上至長楊獵正義曰括地志云秦長楊宮在雍州盩厔縣東南三里上起以宮內有長楊樹以爲名是時天子方好自擊熊彘馳逐野
獸相如上䟽諫之其辭曰臣聞物有同類而殊
能者故力稱烏獲索隱曰張揖曰秦武王力士扛龍文鼎者也捷言慶忌
索隱曰張揖曰吳王僚之子勇期賁育正義曰賁音奔賁古之勇士水行不避蛟龍陸行不避豺
狼發怒吐氣声音動天夏育亦古之猛士也臣之愚竊以爲人誠有之獸
亦宜然今陛下好陵阻險射猛獸卒然遇軼材
之獸索隱曰廣雅云卒暴也音倉沒反駭不存之地索隱曰謂所不虞而猛獸駭發
也犯屬車之清塵蔡邕曰古者諸侯貳車九乘秦滅九國兼其車服故大駕屬車八十一乘
輿不及還轅人不暇施巧雖有烏獲逢蒙之伎
力不得用吳越春秋曰羿傳射於逢蒙○索隱曰孟子云逢蒙學射於羿盡羿之道是也枯木朽

株盡爲害矣是胡越起於轂下而羌夷接軫也豈不殆哉雖萬全無患然本非天子之所宜近也且夫清道而後行中路而後馳猶時有銜橛之變（徐廣曰橛音巨月反鉤逆者謂之橜矣○索隱曰張揖曰銜馬勒銜也橜騑馬口長銜也周遷輿服志云鉤逆上者爲橜橜在銜中以鐵爲之大如雞子鹽鐵論云無銜橜而禦捍馬是也）而況涉乎蓬蒿馳乎丘墳前有利獸之樂而內無存變之意其爲禍也不亦難矣夫輕萬乘之重不以爲安而樂出於萬有一危之塗以爲娛臣竊爲陛下不取也蓋明者遠見於未萌而智者避危於無形禍固多藏於隱微而發於人之所忽者也故鄙諺曰家累千金者坐不垂堂（索隱曰張揖曰畏簷瓦墮中人樂彥云垂邊也近堂邊恐其墮墜也非謂畏簷瓦）此言雖小可以喻大臣願陛下之留意幸察上善之還過宜春宮（正義曰括地志云秦宜春宮在雍州萬年縣西南三十里宜春苑在宮之東杜之南始皇本紀云葬二世杜南宜春苑中按今宜春宮見二世陵故作賦以哀也）相如奏賦以哀二世行失也其辭曰登陂阤之長阪兮（索隱曰陂普何反阤徒何反）坌入曾宮之嵳峩（漢書音義曰坌並也○索隱曰坌步寸反）臨曲江之隑州兮（漢書音義曰隑長也苑中有曲江之象泉中有長洲也○索隱曰隑音祈隑即碕字謂曲岸頭也有宮閣路今猶謂之曲江在杜陵西北五里又三輔舊事云樂游原在西北是也）望南山之參差巖巖深山之谾谾兮（徐廣曰谾音力工反○索隱曰谾古江反晉灼曰谾音籠古巃字蕭該云谾或作巃長大貌也）通谷豁兮谽

谺索隱曰谽音呼含反谺音呼加反汩淢噏習以永逝兮索隱曰汩于筆反汩淢疾貌也噏音許及反漢書作歙歙然輕舉意也注平皐之廣衍觀衆樹之蓊薆兮覽竹林之榛榛東馳土山兮北揭石瀨彌節容與兮歷弔二世持身不謹兮亡國失勢信讒不寤兮宗廟滅絶嗚呼哀哉操行之不得兮墳墓蕪穢而不脩兮魂無歸而不食夐邈絶而不齊兮彌久遠而愈佅精罔閬而飛揚兮拾九天而永逝嗚呼哀哉相如拜爲孝文園令索隱曰百官志云陵園令六百石掌按行掃除也天子既美子虛之事相如見上好僊道因曰上林之事未足美也尚有靡者臣

嘗爲大人賦索隱曰張揖曰大人喻天子向秀云聖人在位謂之大人張華云相如作遠遊之體以大人賦之也未就請具而奏之相如以爲列僊之傳居山澤間索隱曰案傳者謂相傳以列仙居山澤間音持全反小顏及劉氏並作儒讀云儒柔術士之稱非也形容甚臞徐廣曰臞瘦也○索隱曰韋昭曰臞瘠也文子云堯臞瘦音巨俱反此非帝王之僊意也乃遂就大人賦其辭曰世有大人兮在于中州宅彌萬里兮曾不足以少留悲世俗之迫隘兮朅輕舉而遠游索隱曰如淳曰武帝云誠得如黃帝去妻子如脫屣是悲世俗迫隘也垂絳幡之素蜺兮載雲氣而上浮建格澤之長竿兮總光耀之采旄漢書音義曰格澤之氣如炎火狀黃白色起地上至天以此氣爲竿旄旒也總係也係光耀之氣於長竿以爲旄旒者垂旬始以爲幓兮抴彗星而爲

髾漢書音義曰旬始氣如雄雞縣於葆下以為旒也髾燕尾也拙彗星綴著旒以為燕尾掉指橋
以偃蹇兮又旖旎以招搖漢書音義曰指橋隨風指靡○索隱曰悼音徒弔反
橋音居夭反偃蹇高貌攬欃搶以為旌兮正義曰天官書云天欃長四丈末銳天搶長數
丈兩頭銳其形類彗也靡屈虹而為綢漢書音義曰綢韜也以斷虹為旌杠之韜○索隱曰
應劭云旌旒屈橈之貌綢音直留反或音韜屈虹斷虹也紅杳渺以眩湣兮猋風
涌而雲浮漢書音義曰旬始屈虹氣色紅杳眇眩湣闇冥無光也○索隱曰蘇林曰眩音炫湣音麪晉灼
云紅赤色貌杳渺深遠眩湣混合也紅或作虹駕應龍象輿之蠖略逶麗兮
驂赤螭青虯之蚴蟉蜿蜒低卬夭蟜据以驕驁
兮詘折隆窮索隱曰張揖曰据直須也驕驁縱恣也据音據驕音居召反驁音五到反躩以
連卷索隱曰韋昭曰蠼龍之形貌也音起碧反連卷音輦卷沛艾赳螑仡以佁
儗兮漢書音義曰赳螑申頸低卬也儗不前也○索隱曰張揖曰赳螑牙跳也赳音居幼反螑音許救反仡舉頭也
仡音魚乙反佁音勑吏反儗音魚吏反放散畔岸驤以孱顏索隱曰服虔曰馬仰頭其
口開正孱顏也韋昭曰顏音五板反詩云兩服上驤注云驤馬是也跮踱輵螛容以委麗
兮綢繆偃蹇怵㚟以梁倚徐廣曰蛭蝬乍前乍卻也跮音丑栗反踱音勑略反
輵烏葛反螛音曷綢一作雕㚟音他略反駰案漢書音義曰怵㚟走也梁倚相著也○索隱曰張揖曰跮踱疾行乍前却
也輵螛搖目吐舌也跮音褚栗反踱音褚略反輵音遏螛音曷蜩音徒弔反張揖曰偃蹇却踞也廣雅曰偃蹇夭矯也韋
昭曰㚟音笞畧反相如傳云修㚟遠去㚟袂也糾蓼叫奡蹋以艐路兮徐廣曰艐
音介至也○索隱曰蓼音了奡音五到反小顏云叫奡高舉之貌踏音徒荅反艐音屆三倉云踏著地孫炎云艐古界字
也蔑蒙踊躍騰而狂趡漢書音義曰蔑蒙飛揚也趡走莅颯卉翕
熛至電過兮煥然霧除霍然雲消邪絕少陽而

登太陰兮與眞人乎相求漢書音義曰少陽東極太陰北極邪度東極而升北極者也互折窈窕以右轉兮橫厲飛泉以正東正義曰厲渡也張云泉飛谷也在崑崙山西南悉徵靈圉而選之兮部乘衆神於瑤光漢書音義曰搖光北斗杓頭第一星使五帝先導兮正義曰遵導應云五帝五時帝太皓之屬也反太一而從陵陽漢書音義曰仙人陵陽子明也○正義曰天官書云中宮天極星其一明者太一常居也列仙傳云子明於沛銍縣旋溪釣得白龍放之後白龍來迎子明去止陵陽山上百餘年遂得仙也左玄冥而右含靁兮漢書音義曰含靁黔羸也天上造化神名也或曰水神前陸離而後潏湟漢書音義曰皆神名廝征北僑徐廣曰燕人也形解而仙也○索隱曰應劭曰廝役也張揖曰王子喬也漢書郊祀志作正伯僑此當是别人恐非王子喬也而役羨門兮正義曰張云羨門碣石山上仙人羨門高也屬歧伯使尚方徐廣曰歧伯黃帝臣

駰案漢書音義曰尚主也歧伯黃帝太醫屬使主方藥祝融驚而蹕御兮正義曰張云祝融南方炎帝之佐也獸身人面乘兩龍應火正也火正祝融警蹕清氛氣也清雰氣而後行屯余車其萬乘兮綷雲蓋而樹華旗索隱曰綷音祖內反如淳云蓋有五綵也使勾芒其將行兮正義曰張云勾芒東方青帝之佐也鳥身人面乘兩龍顏云將行領從者也吾欲往乎南嬉歷唐堯於崇山兮過虞舜於九疑正義曰張云崇山狄山也海外經云狄山帝堯葬其陽九疑山零陵營道縣舜所葬處紛湛湛其差錯兮索隱曰湛音徒感反雜遝膠葛以方馳索隱曰廣雅云膠葛驅馳也騷擾衝蓯其相紛挐兮索隱曰衝音昌勇反蓯音息冗反滂濞泱軋灑以林離鑽羅列聚叢以龍茸兮衍曼流爛壇以陸離徐廣曰壇音坦徑入靁室之砰磷鬱

律兮洞出鬼谷之崫礨嵬𡾰漢書音義曰鬼谷在北辰下衆鬼之所聚也楚辭曰贅鬼谷於北辰也○正義曰崫口骨反礨音力罪反嵬音烏廻反𡾰音回張云崫礨嵬𡾰不平也徧覽八紘而觀四荒兮朅渡九江而越五河正義曰顏云五色之河也仙云紫碧絳青黃之河也經營炎火而浮弱水兮正義曰姚承云大荒西經云崑崙之岳其外有炎火之山投物輒物然括地志云弱水有二原俱出女國北阿傉達山南流會于國北又南歷國北東去一里深丈餘闊六十步非乘舟不可濟流入海阿傉達山一名崑崙山其王爲王在雍州西南一萬五千三百七十里又云弱水在甘州張掖縣南山下也杭絕浮渚而涉流沙漢書音義曰杭船也絕渡也浮渚流沙中諸也奄息總極漢書音義曰總極葱領山也在西域中氾濫水嬉兮使靈媧鼓瑟而舞馮夷徐廣曰媧一作貽駰案漢書音義曰靈媧女媧也馮夷河伯字也淮南子曰馮夷得道以潛大川○正義曰姓馮名夷以庚日溺死河常以庚日好溺死人時若薆薆將混濁兮召屏翳正義曰應云屏翳天神使也韋云雷師也誅風伯正義曰張云風伯字飛廉而刑雨師正義曰沙州有雨師祠西望崐崘之軋正義曰張云海內經云崑崙去中國五萬里天帝之下都也其山廣袤百里高八萬仞增城九重面九井以玉爲檻旁有五門開明獸守之括地志云在崑崙肅州酒泉縣南八十里十六國春秋後魏昭成帝建國十年涼張駿酒泉太守馬岌上言酒泉南山即崑崙之體周穆王見西王母樂而忘歸即謂此山有石室王母堂珠璣鏤飾煥若神宮又刪丹西河名云弱水禹貢崑崙在臨羌之西即此明矣括地志云又阿傉達山亦名建末達山亦名崑崙山恒河出其南吐師子口經天竺入達山嫣水今名爲許海出書於西河北隅吐馬口經安息大夏國入西海黃海出東北隅吐牛口東北流經濫澤潛出大積石山至華山北東入海其三河去山入海各三萬里此謂大崑崙肅州謂小崑崙也禹本紀云河出崑崙二千五百餘里日月所相隱避爲光明也沕洸忽兮直徑馳乎三危三危山名也○正義曰括地志云三危山在沙州東南三十里排閶闔而入帝宮兮正義曰韋昭云閶闔天門也淮南子曰西方曰西極之山閶闔之門載玉

女而與之歸正義曰張云玉女青要乘弋等也舒閬風而搖集兮正義曰張云閬風在崑崙閶闔之中楚辭云登閬風而緤馬也亢烏騰而一止漢書音義曰亢然高飛如烏之騰也低徊陰山翔以紆曲兮正義曰張云陰山在大崑崙西二千七百里吾乃今目睹西王母矐然白首徐廣曰矐音下沃反○索隱曰矐音鶴○正義曰張云西王母其狀如人豹尾虎齒蓬髮矐然白首石城金穴居其中載勝而穴處兮郭璞曰勝玉勝也○正義曰顔云勝代婦人首飾也漢代謂之華勝也亦幸有三足烏為之使正義曰張云三足烏青鳥也主為西王母取食在昆墟之北必長生若此而不死兮雖濟萬世不足以喜回車朅來兮絕道不周漢書音義曰不周山在崑崙東南會食幽都呼吸沆瀣餐朝霞兮噍咀芝英兮嘰瓊華徐廣曰嘰音祈小食也駰案韋昭曰瓊華玉英嬐侵

潯而高縱兮紛鴻涌而上厲徐廣曰嬐音孅○索隱曰漢書嬐作襟襟仰也音禁嬐音魚錦反貫列缺之倒景兮涉豐隆之滂沛漢書音義曰列缺天閃也倒景日在下○正義曰張云豐隆雲師也淮南子云季春三月豐隆乃出以將雨接豐隆將雲雨故云滂沛馳游道而循降兮正義曰游游車也道道車也脩長也降下也鶩遺霧而遠逝迫區中之隘陜兮舒節出乎北垠遺屯騎於玄闕兮軼先驅於寒門漢書音義曰玄闕北極之山寒門天北門下峥嶸而無地兮上寥廓而無天視眩眠而無見兮聽惝怳而無聞乘虛無而上假兮超無友而獨存徐廣曰假音古下反至也相如既奏大人之頌天子大説飄飄有淩雲之氣似游天地之閒意相如既病免家

居茂陵天子曰司馬相如病甚可往從悉取其書若不然後失之矣使所忠往正義曰姓所名忠也風俗通姓氏云漢書有諫大夫所忠氏而相如已死家無書問其妻對曰長卿固未嘗有書也時時著書人又取去即空居長卿未死時為一卷書曰有使者來求書奏之無他書其遺札書言封禪事奏所忠忠奏其書天子異之其書曰伊上古之初肇自昊穹兮生民歷撰列辟以迄于秦徐廣曰撰一作選○索隱曰文穎曰選數也率邇者踵武徐廣曰率循也邇近也武迹也循省世近之遺迹○索隱曰言循覽近代之事則踵蹈者可知也逖聽者風聲徐廣曰逖遠也聽察遠古之風聲○索隱曰風聲風雅之聲以言聽遠古之事則著在風雅之聲也紛

綸葳蕤堙滅而不稱者不可勝數也索隱曰胡廣曰紛亂也綸沒也葳蕤委頓也張揖曰亂貌續韶夏崇號謚略可道者七十有二君漢書音義曰昭明也夏大也德明大相繼封禪於泰山者七十有二人○索隱曰見韓詩外傳及封禪書也罔若淑而不昌疇逆失而能存徐廣曰若順也駰案韋昭曰疇誰也言順善必昌逆失必亡軒轅之前遐哉邈乎其詳不可得聞也五三六經載籍之傳維見可觀也索隱曰胡廣云五五帝也三三王也案六經詩書禮樂易春秋也書曰元首明哉股肱良哉因斯以談君莫盛於唐堯臣莫賢於后稷后稷創業於唐公劉發迹於西戎文王改制爰周郅隆徐廣曰郅盂字誤皇甫謐曰王季宅程故周書曰維王季宅程孟子稱文王生於畢程或者郅字宜為程乎或為胵北地有郁郅縣胵大也音

貿駰案漢書音義曰郅至也○索隱曰爰於及也郅大也盛也樊光云郅可見之大也徐及皇甫之説皆非也以言文王改制及周而大盛也大行越成漢書音義曰行道也文王始開王業改正朔易服色太平之道於是成矣○索隱曰應劭云大行謂以言道德大行也而後陵夷衰微千載無聲徐廣曰周之王四海千載之後聲教乃絶駰案韋昭曰無惡聲豈不善始善終哉然無異端慎所由於前謹遺教於後耳故軌迹夷易易遵也湛恩濛涌易豐也憲度著明易則也垂統理順易繼也是以業隆於繈緥而崇冠于二后漢書音義曰繈緥謂成王也二后謂文武也周公負成王致太平功德冠於文武者道成法易故也揆厥所元終都攸卒漢書音義曰都於卒終也未有殊尤絶迹可考于今者也然猶躡梁父登泰山建顯號施尊名

大漢之德逢涌原泉韋昭曰漢德逢涌如泉原也○索隱曰張揖曰逢遇也喻其德盛若遇泉原之流也又作峯讀胡廣曰自此已下論漢家之德也沕潏漫衍旁魄四塞雲尃霧散徐廣曰尃音布上暢九垓下泝八埏徐廣曰音衍駰案漢書音義曰暢達垓重也泝流也埏若八埏地之際也言其德上達於九重之天下流於地之八際也懷生之類霑濡浸潤協氣橫流武節飄逝邇陜游原迥闊泳沫漢書音義曰邇近原本也迥遠闊廣也泳浮也恩德比之於水近者游其原遠者浮其沫首惡湮沒闇昧昭晢漢書音義曰始爲惡者皆湮滅闇昧喻夷狄皆化昆蟲凱澤回首面內韋昭曰面向也然後囿騶虞之珍羣徼麋鹿之怪獸漢書音義曰徼遮也麋鹿得其奇怪者謂獲白麟也䆃一莖六穗於庖徐廣曰䆃瑞禾也駰案漢書音義曰謂嘉禾之米於庖廚以供祭祀○索隱曰鄭德云䆃擇也説文嘉禾一名䆃字林云禾一莖六穗謂之䆃也

犧雙觡共抵之獸徐廣曰抵音底駰案漢書音義曰犧牲也觡角也底本也武帝獲白麟兩角共一本因以爲牲也獲周餘珍收龜于岐徐廣曰一作放龜駰案漢書音義曰餘珍得周鼎也岐水名也招翠黃乘龍於沼漢書音義曰翠黃乘黃也龍翼馬身黃帝乘而登仙言見乘黃而招呼之禮樂志曰紫黃湛河不下來余吾渥洼水中出神馬故曰乘龍於沼○索隱曰服虔云乘龍四龍也翠黃孟說是也周書云乘黃似狐背上有兩角也鬼神接靈圉賓於閒館徐廣曰言至德與神明通接故靈圉爲賓旅於閑館矣郭朴曰靈圉仙人名也奇物譎詭俶儻窮變欽哉符瑞臻兹猶以爲薄不敢道封禪蓋周躍魚隕杭休之以燎索隱曰杭舟也胡廣云武王渡河白魚入王舟俯取以燎隕墜之於舟中也微夫斯之爲符也以登介丘不亦恧乎漢書音義曰介大丘山也言周以白魚爲瑞登太山封禪不亦慙乎進讓之道其何爽與徐廣曰爽差異也駰案漢書音義曰進周也讓漢也言周未可封禪爲進漢可封禪而不封禪爲讓也○索隱曰爽猶差也言漢周進讓之道皆差也於是大司馬進曰陛下仁育羣生義征不憓漢書音義曰大司馬上公也故先進議憓音惠順也諸夏樂貢百蠻執贄德侔往初功無與二休烈浹洽符瑞衆變期應紹至不特創見徐廣曰不但初顯符瑞而已蓋將終以封禪之事○索隱曰文頴云不獨一物初創見也胡廣云符瑞衆多應期相繼而至也意者泰山梁父設壇場望幸蓋號以況榮徐廣曰以況受上天之榮爲名號○索隱曰案本或作望華蓋華蓋星名在紫微大帝之上今言望聖帝之臨幸也義亦兩通而孟康服虔注本皆幸下有華字而虞摯流別集則唯云幸幸當是也於義亦通直以後人見幸下有蓋字又幸字似華故因疑惑遂定華字使誤也文頴云蓋合也言考合前代之君揆其榮而相比況以爲號也大顏云蓋欲也言欲化功立號受天之況賜榮名也於義爲愜然其文云蓋詞義典質又上與幸字連文致令有華蓋之謬也上帝垂恩

儲祉將以薦成徐廣曰以衆瑞物初至封禪處薦之上天告成功也○索隱曰案漢書作慶成義亦通也陛下謙讓而弗發也挈三神之驩徐廣曰挈猶言垂也駰案韋昭曰挈缺也三神上帝泰山梁父也○索隱曰徐氏云挈猶垂非也應劭作絶李奇韋昭作缺意亦不遠三神如淳謂地祇天神山嶽也與韋不同缺王道之儀羣臣恧焉或謂且天為質闇珍符固不可辭漢書音義曰言天道質昧以符瑞見意不可辭讓也若然辭之是泰山靡記而梁父靡幾也漢書音義曰太山之上無所表記梁父壇場無所庶幾○索隱曰案幾音冀亦各並時而榮咸濟世而屈漢書音義曰屈絶之也言古帝王但作一時之榮畢代而絶也說者尚何稱於後徐廣曰若無封禪之遺迹則榮盡於當時至於歷世之後人何所述而云七十二君乎索隱曰言古封禪之帝王是各並時而榮貴盛有濟世之勳而屈者謂言抑屈揔不封禪使說者尚何稱述後代而云七十二君乎夫修德以錫符奉符以行事不為進越索隱曰文穎云越踰也不為苟進踰禮也故聖王弗替而修禮地祇謁款天神漢書音義曰款誠也謁告之報誠也勒功中嶽以彰至尊舒盛德發號榮受厚福以浸黎民也皇皇哉斯事天下之壯觀王者之丕業不可貶也願陛下全之而後因雜薦紳先生之略術使獲燿日月之末光絶炎以展采錯事徐廣曰錯音厝駰案漢書音義曰采官也使諸儒記功著業得覩日月末光殊絶之用以展其官職設厝其事業者也猶兼正列其義校飭厥文作春秋一藝徐廣曰校一作祓祓猶拂也音廢也駰案漢書音義曰春秋者正天時列人事諸儒既得展事業因兼正天時列人事敘述大義為一經將襲舊六為七韋昭曰今漢書增一仍舊六為七也攄之無窮

徐廣曰攄一作臚臚叙也索隱曰廣雅云攄張舒也○俾萬世得激清流揚微
波蜚英聲騰茂實索隱曰胡廣曰飛揚英偉之聲騰馳茂盛之實也前聖之
所以永保鴻名而常為稱首者用此索隱曰案謂用此封禪也
宜命掌故悉奏其義而覽焉漢書音義曰掌故太史官屬主故事也於
是天子沛然改容曰愉乎朕其試哉乃遷思回
慮總公卿之議詢封禪之事詩大澤之博廣符
瑞之富漢書音義曰詩歌詠功德也下四章之頌也大澤之博謂自我天覆雲之油油廣符瑞之富謂斑斑
之獸以下三章言符瑞廣大富饒也乃作頌曰自我天覆雲之油油漢書
音義曰油油雲行貌孟子曰油然作雲沛然下雨甘露時雨厥壤可游滋液滲漉何
生不育徐廣曰滲音色蔭反○索隱曰案說文云滲漉水下流之貌也嘉穀六穗我

穡曷蓄徐廣曰何所畜邪畜嘉穀非唯雨之又潤澤之非唯濡
之氾尃濩之徐廣曰古布字作尃○索隱曰胡廣曰氾普也言雨澤非偏於我普遍布散無所不濩也
萬物熙熙懷而慕思名山顯位望君之來韋昭曰名
山大山也顯位封禪也君乎君乎侯不邁哉索隱曰小顏云侯何也邁行也言君何不
行封禪般般之獸樂我君圃索隱曰案般般文彩之貌也音班胡廣曰謂騶虞也白
質黑章其儀可嘉旼旼睦睦君子之能徐廣曰旼音旻和貌
也能一作熊駰案漢書音義曰旻和穆敬言和且敬有似君子蓋聞其聲今觀其來
厥塗靡蹤天瑞之徵徐廣曰其所來路非有迹蓋自天降瑞不行而至也茲亦
於舜虞氏以興索隱曰文穎曰舜百獸率舞則騶虞亦在其中也濯濯之麟
游彼靈時漢書音義曰武帝祠五時獲白麟故言游靈時○索隱曰詩人云麀鹿濯濯注云濯濯嬉遊也

[illegible]

孟冬十月君徂郊祀馳我君輿帝以享祉三代之前蓋未嘗有宛宛黃龍興德而升索隱曰胡廣曰宛宛屈伸也采色炫燿熿炳煇煌徐廣曰熿音晃煇音蔥正陽顯見覺寤黎烝索隱曰文穎云正陽陽明也謂南面受朝也於傳載之云受命所乘索隱曰如淳曰書傳所載揆其比類以爲漢土德黃龍爲之應見之於成紀故云受命所乘也厥之有章不必諄諄徐廣曰諄止純反告之丁寧騆案漢書音義曰天之所命表以符瑞章明其德不必諄諄然有語言也依類託寓諭以封巒漢書音義曰寓寄也巒山也言依事類託寄以諭封禪者披藝觀之天人之際已交上下相發允荅聖王之德兢兢翼翼也故曰興必慮衰安必思危是以湯武至尊嚴不失肅祗舜在假典顧省厥遺此之謂也徐廣曰假大也司馬相如既卒徐廣曰元狩五年五歲天子始祭后土八年而遂先禮中嶽正義曰嵩高也在洛州陽城縣西北二十二里封于太山正義曰在兗州博城縣西北三十里至梁父禪肅然徐廣曰小山在泰山下趾東北相如他所著若遺平陵侯書徐廣曰蘇建也與五公子相難草木書篇不采采其尤著公卿者云

太史公曰春秋推見至隱韋昭曰推見事至於隱諱謂若晉文召天子經言狩河陽之屬○索隱曰李奇曰隱猶微也言其義彰而文微若隱公見弒而經不書諱之也易本隱之以顯韋昭曰易本隱微妙出爲人事乃顯著也○索隱曰虞喜志林曰春秋以人事通天道是推見至隱也易以天道接人事索隱以之明顯也大雅言王公大人而德逮黎庶韋昭曰先言王

公大人之德乃後及衆庶也○索隱曰張揖曰謂文王公劉在位大人之德下及衆民者也小雅譏小己之得失其流及上韋昭曰小雅云人志狹小先道己之憂苦其流乃及上政之得失者○索隱曰張揖云已詩人自謂也已小有得失不得其所作詩流言以諷其上也故詩緯云小雅譏已得失及之於上也所以言雖外殊其合德一也相如雖多虛辭濫說然其要歸引之節儉此與詩之風諫何異揚雄以爲靡麗之賦勸百風一猶馳騁鄭衛之聲曲終而奏雅不已虧乎余采其語可論者著于篇

索隱述贊曰

相如縱誕　竊貲卓氏　其學無方

其才足倚　子虛過吒　上林非侈

駟馬還卬　百金獻伎　惜哉封禪

遺文悼爾

史玖阡貳伯肆拾伍字

注萬捌阡捌伯貳拾字

司馬相如列傳第五十七　史記一百一十七

淮南衡山列傳第五十八　史記一百一十八

淮南厲王長者高祖少子也其母故趙王張敖美人高祖八年從東垣過趙（正義曰趙張耳所都今邢州也）趙王獻之美人厲王母得幸焉有身趙王敖弗敢內宮爲築外宮而舍之及貫高等謀反柏人事發覺并逮治王盡收捕王母兄弟美人繫之河內厲王母亦繫告吏曰得幸上有身吏以聞上上方怒趙王未理厲王母厲王母弟趙兼因辟陽侯言呂后呂后妒弗肯白辟陽侯不彊爭及厲王母已生厲王恚即自殺吏奉厲王詣上上悔

（正義曰悔不理厲王母）令呂后母之而葬厲王母眞定眞定厲王母之家在焉父世縣也（索隱曰案漢書作母家縣謂父祖代居眞定也）高祖十一年十月淮南王黥布反立子長爲淮南王王黥布故地凡四郡（徐廣曰九江廬江衡山豫章也）上自將兵擊滅布厲王遂即位厲王蚤失母常附呂后孝惠呂后時以故得幸無患害而常心怨辟陽侯弗敢發及孝文帝初即位淮南王自以爲最親驕蹇數不奉法上以親故常寬赦之三年入朝甚橫從上入苑囿獵與上同車常謂上大兄厲王有材力力能扛鼎乃往請辟陽侯辟陽侯

出見之即自袖鐵椎椎辟陽侯索隱曰漢書作褏金椎椎之案信陵君使朱亥袖四十斤鐵鎚也令從者魏敬剄之正義曰剄古鼎反剄謂刺剄厲王乃馳走闕下肉袒謝曰臣母不當坐趙事其時辟陽侯力能得之呂后弗爭罪一也趙王如意子母無罪呂后殺之辟陽侯弗爭罪二也呂后王諸呂欲以危劉氏辟陽侯弗爭罪三也臣謹爲天下誅賊臣辟陽侯報母之仇謹伏闕下請罪孝文傷其志爲親故弗治赦厲王當是時薄太后及太子諸大臣皆憚厲王厲王以此歸國益驕恣不用漢法出入稱警蹕稱制自爲法令

擬於天子六年令男子但等七十人與棘蒲侯柴武太子奇謀以輂車四十乘徐廣曰大車駕馬曰輂音己足反反谷口漢書音義曰谷口在長安北故縣也處多險阻○正義曰括地志云谷口故城在雍州醴泉縣東北四十里漢谷口縣也令人使閩越匈奴事覺治之使使召淮南王淮南王至長安丞相臣張倉典客臣馮敬行御史大夫事宗正臣逸廷尉臣賀備盜賊中尉臣福昧死言淮南王長廢先帝法不聽天子詔居處無度爲黃屋蓋乘輿出入擬於天子擅爲法令不用漢法及所置吏以其郎中春爲丞相聚收漢諸侯人及有罪亡者匿與居爲治家室

賜其財物爵祿田宅爵或至關內侯奉以二千石所不當得欲以有爲如淳曰賜亡畔來者如賜其國二千石也瓚曰奉以二千石之秩祿大夫但張晏曰大夫姓也上云男子但明其姓大夫也瓚曰官爲大夫名但者也○索隱曰張晏云大夫姓非也案上文云男子但此云大夫但及士五開章則知大夫是官也士五開章等七十人如淳曰律有罪失官爵稱士伍者也開章名與棘蒲侯太子奇謀反徐廣曰棘蒲侯柴武以文帝後元年卒謚剛嗣子謀反不得置後國除欲以危宗廟社稷使開章陰告長與謀使閩越及匈奴發其兵開章之淮南見長長數與坐語飲食爲家室娶婦以二千石俸奉之開章使人告但已言之王春使使報但等吏覺知使長安尉奇等往捕開章長匿不予與故中尉蕳忌謀殺以閉口索隱曰蕳姓也音姦嚴助傳則作間忌字音亦同○正義曰謀殺開章以閉絕謀反之口也爲棺槨衣衾葬之肥陵邑正義曰括地志云肥陵故縣在壽州安豐縣東六十里在故六城東北百餘里謾吏曰不知安在索隱曰謾音慢慢詑也實葬肥陵詑云不知處按肥陵地名在肥水之上又佯聚土樹表其上曰開章死埋此下及長身自賊殺無罪者一人令吏論殺無罪者六人爲命棄市罪詐捕命者以除罪晉灼曰亡命者當棄市而王藏之詐捕不命者而言命以脫命者之罪擅罪人罪人無告劾繫治城旦舂以上十四人赦免罪人死罪十八人城旦舂以下五十八人賜人爵關內侯以下九十四人前日長病陛下憂

苦之使使者賜書棗脯長不欲受賜不肯見拜
使者南海民處廬江界中者反淮南吏卒擊之
陛下以淮南民貧苦遣使者賜長帛五千匹以
賜吏卒勞苦者長不欲受賜讓言曰無勞苦者
南海民王織上書獻璧皇帝忌擅燔其書不以
聞（文穎曰忌簡忌）吏請召治忌長不遣讓言曰忌病春又
請長願入見長怒曰女欲離我自附漢長當棄
市臣請論如法制曰朕不忍致法於王其與列
侯二千石議臣倉臣敬臣逸臣福臣賀昧死言
臣謹與列侯吏二千石臣嬰等四十三人議皆

曰長不奉法度不聽天子詔乃陰聚徒黨及謀
反者厚養亡命欲以有為臣等議論如法制曰
朕不忍致法於王其赦長死罪廢勿王臣倉等
昧死言長有大死罪陛下不忍致法幸赦廢勿
王臣請處蜀郡嚴道邛郵（徐廣曰嚴道有邛僰九折阪又有郵置駟案張晏曰嚴道蜀郡縣○索隱曰縣有蠻夷曰道嚴道有邛來山有郵置故曰嚴道邛郵也）遣其子母從
居（索隱曰案樂彥云妾媵之有子者從去也）縣為築蓋家室皆廩食給
薪菜鹽豉炊食器席蓐臣等昧死請請布告天
下制曰計食長給肉日五斤酒二斗令故美人
才人得幸者十人從居他可（索隱曰謂它事可其制也）盡誅所

與謀者於是乃遣淮南王載以輜車令縣以次傳是時袁盎諫上曰上素驕淮南王弗爲置嚴傅相以故至此且淮南王爲人剛今暴摧折之臣恐卒逢霧露病死陛下爲有殺弟之名奈何上曰吾特苦之耳今復之縣傳淮南王者皆不敢發車封漢書音義曰檻車有檻封也淮南王乃謂侍者曰誰謂乃公勇者索隱曰乃汝也汝公淮南王自謂也吾安能勇吾以驕故不聞吾過至此人生一世間安能邑邑如此乃不食死至雍正義曰今岐州雍縣也雍令發封以死聞上哭甚悲謂袁盎曰吾不聽公言卒亡淮南王盎

曰不可柰何願陛下自寬上曰爲之柰何盎曰獨斬丞相御史以謝天下乃可索隱曰案劉氏云袁盎此言亦太過也上即令丞相御史逮考諸縣傳送淮南王不發封餽侍者皆棄市乃以列侯葬淮南王於雍守冢三十户孝文八年上憐淮南王淮南王有子四人皆七八歲乃封子安爲阜陵侯子勃爲安陽侯子賜爲周陽侯子良爲東成侯孝文十二年民有作歌歌淮南厲王曰一尺布尚可縫一斗粟尚可舂兄弟二人不能相容漢書音義曰尺布斗粟猶尚不棄況於兄弟而更相逐乎瓚曰一尺布尚可縫而共衣一斗粟尚可舂而共食也況以天下之廣而不能相容上

聞之乃歎曰堯舜放逐骨肉（正義曰帝系云堯黃帝之後舜顓頊之後四凶之内有承黃帝顓頊者而堯舜竄之故放逐骨肉耳四凶者共工三苗伯鯀及驩兜皆堯舜之同姓故云骨肉也）周公殺管蔡天下稱聖何者不以私害公天下豈以我爲貪淮南王地邪乃徙城陽王王淮南故地（徐廣曰景王章之子）而追尊謚淮南王爲厲王（正義曰謚法云暴慢無親曰厲）置園復如諸侯儀孝文十六年徙淮南王喜復故城陽（索隱曰故城陽景王章子也）上憐淮南厲王廢法不軌自使失國蚤死乃立其三子阜陵侯安爲淮南王安陽侯勃爲衡山王周陽侯賜爲廬江王皆復得厲王時地參分之東城侯良前薨無後

也孝景三年吳楚七國反吳使者至淮南淮南王欲發兵應之其相曰大王必欲發兵應吳臣願爲將王乃屬相兵淮南相已將兵因城守不聽王而爲漢漢亦使曲城侯（徐廣曰曲城侯姓蟲名捷其父名逢高祖功臣）將兵救淮南淮南以故得完吳使者至廬江廬江王弗應而往來使越吳使者至衡山衡山王堅守無二心孝景四年吳楚已破衡山王朝上以爲貞信乃勞苦之曰南方卑溼徙衡山王王濟北所以襃之及薨遂賜謚爲貞王廬江王邊越數使使相交故徙爲衡山王王江北淮南王

如故

淮南王安爲人好讀書鼓琴不喜弋獵狗馬馳騁亦欲以行陰德拊循百姓流譽天下時時怨望厲王死時欲畔逆未有因也及建元二年淮南王入朝素善武安侯武安侯時爲太尉乃逆王霸上與王語曰方今上無太子大王親高皇帝孫正義曰漢書云武帝以安屬爲諸侯行仁義天下莫不聞即宮車一日晏駕非大王當誰立者淮南王大喜厚遺武安侯金財物陰結賓客索隱曰淮南要略云養士數千高材者八人蘇非李尚左吳田由雷被伍被毛被晉昌號曰八公拊循百姓爲畔逆事建元六年彗星見淮南王心怪之或說王曰先吳軍起時彗星出長數尺然尚流血千里今彗星長竟天天下兵當大起王心以爲上無太子天下有變諸侯並爭愈益治器械攻戰具積金錢賂遺郡國諸侯游士奇材諸辨士爲方略者妄作妖言諂諛王王喜多賜金錢而謀反滋甚淮南王有女陵慧有口辯王愛陵常多予金錢爲中詗長安徐廣曰詗伺候采察之名也音空政反安平侯鄂千秋玄孫伯與淮南王女陵通而中絕又遺淮南王書稱臣盡力故棄市○索隱曰鄧展曰詗捕也孟康曰詗音偵西方人以反間爲偵劉氏及包愷並音丑政反服虔云偵候之也約結上左右元朔三年上賜淮南王几杖

不朝淮南王王后荼王愛幸之王后生太子遷遷取王皇太后外孫脩成君女爲妃應劭曰王太后先適金氏女也王謀爲反具畏太子妃知而内泄事乃與太子謀令詐弗愛三月不同席王乃詳爲怒太子閉太子使與妃同内三月太子終不近妃妃求去王乃上書謝歸去之王后荼太子遷及女陵得愛幸王擅國權侵奪民田宅妄致繫人徐廣曰一云歐擊元朔五年太子學用劒自以爲人莫及聞郎中雷被巧索隱曰案巧者謂善用劒也乃召與戲被一再辭讓誤中太子索隱曰樂彥云初一讓王至二讓後遂不讓故云一再讓而誤中太子也太子怒

被恐此時有欲從軍者輒詣京師被即願奮擊匈奴太子遷數惡被於王王使郎中令斥免欲以禁後正義曰言屏斥免郎中令官而令後人不敢效也被遂亡至長安上書自明詔下其事廷尉河南正義曰雷被告章下廷尉及河南共治之河南治逮淮南太子正義曰逮謂追赴河南也王王后計欲無遣太子遂發兵反計猶豫十餘日未定會有詔即訊太子索隱曰案樂彥云即就淮南案之不逮詣河南也當是時淮南相怒壽春丞留太子逮不遣如淳曰丞主刑獄囚徒丞順王意不遣太子應逮書劾不敬王以請相相弗聽王使人上書告相事下廷尉治蹤跡連王王使人候伺漢公卿公卿請逮

捕治王王恐事發太子遷謀曰漢使即逮王王令人衣衛士衣持戟居庭中王旁有非是則刺殺之臣亦使人刺殺淮南中尉乃舉兵未晚是時上不許公卿請而遣漢中尉宏即訊驗王 索隱曰案百官表云宏姓殷也 王聞漢使來即如太子謀計漢中尉至王視其顏色和訊王以斥雷被事耳王自度無何 如淳曰無何罪 不發中尉還以聞公卿治者曰淮南王安擁閼奮擊匈奴者雷被等廢格明詔當棄市 索隱曰崔浩云詔書募擊匈奴而被壅遏應募者漢律所謂廢格案如淳注梁孝王傳云謂閣不行也音各 詔弗許公卿請廢勿王詔弗許公卿請削五縣詔

削五縣使中尉宏赦淮南王罪罰以削地中尉入淮南界宣言赦王王初聞漢公卿請誅之未知得削地聞漢使來恐其捕之乃與太子謀刺之如前計及中尉至即賀王王以故不發其後自傷曰吾行仁義見削甚恥之然淮南王削地之後其為反謀益甚諸使道從長安來為妄妖言 索隱曰如淳曰道猶言路由長安來姚丞云道或作從 言上無男漢不治即喜即言漢廷治有男王怒以為妄言非也王日夜與伍被 漢書曰伍被楚人或言其先伍子胥後 左吳等案輿地圖 蘇林曰輿猶盡載之意○索隱曰志林云輿地圖漢家所畫非出遠也 部署兵所從入王曰上

無太子宮車即晏駕廷臣必徵膠東王不即常山王徐廣曰皆景帝子也諸侯並爭吾可以無備乎且吾高祖孫親行仁義陛下遇我厚吾能忍之萬世之後吾寧能北面臣事豎子乎王坐東宮召伍被與謀曰將軍上被悵然曰上寬赦大王王復安得此亡國之語乎臣聞子胥諫吳王吳王不用乃曰臣今見麋鹿游姑蘇之臺也今臣亦見宮中生荆棘露霑衣也王怒繫伍被父母囚之三月復召曰將軍許寡人乎被曰不直來爲大王畫耳臣聞聰者聽於無聲明者見於未形故聖

人萬舉萬全昔文王一動而功顯于千世列爲三代此所謂因天心以動作者也故海内不期而隨此千歲之可見者夫百年之秦近世之吳楚亦足以喻國家之存亡矣臣不敢避子胥之誅願大王毋爲吳王之聽昔秦絶先王之道殺術士燔詩書棄禮義尚詐力任刑罰轉負海之粟致之西河當是之時男子疾耕不足於糟糠女子紡績不足於蓋形遣蒙恬築長城東西數千里暴兵露師常數十萬死者不可勝數僵尸千里流血頃畝百姓力竭欲爲亂者十家而五

又使徐福入海求神異物還爲僞辭曰臣見海中大神言曰汝西皇之使邪臣答曰然汝何求曰願請延年益壽藥神曰汝秦王之禮薄得觀而不得取即從臣東南至蓬萊山見芝成宮闕有使者銅色而龍形光上照天於是臣再拜問曰宜何資以獻海神曰以令名男子若振女徐廣曰西京賦曰振子萬童駰案薛綜曰振子童男女與百工之事即得之矣秦皇帝大說遣振男女三千人資之五穀種種百工而行徐福得平原廣澤止王不來正義曰括地志云亶州在東海中秦始皇遣徐福將童男女遂止此州其後復有數洲萬家其上人有至會稽市易者闕文於是百

姓悲痛相思欲爲亂者十家而六又使尉佗踰五嶺攻百越尉佗知中國勞極止王不來使人上書求女無夫家者三萬人以爲士卒衣補秦皇帝可其萬五千人於是百姓離心瓦解欲爲亂者十家而七客謂高皇帝曰時可矣高皇帝曰待之聖人當起東南間不一年陳勝吴廣發矣高皇始於豐沛一倡天下不期而響應者不可勝數也此所謂蹈瑕候間因秦之亡而動者也百姓願之若旱之望雨故起於行陳之中而立爲天子功高三王德傳無窮今大王見高皇

淮南王安

帝得天下之易也獨不觀近世之吳楚乎夫吳王賜號爲劉氏祭酒應劭曰禮飲酒必祭示有先也故稱祭酒尊也復不朝王四郡之衆地方數千里內鑄消銅以爲錢東煑海水以爲鹽上取江陵木以爲船一船之載當中國數十兩車國富民衆行珠玉金帛賂諸侯宗室大臣獨竇氏不與計定謀成舉兵而西破於大梁敗於狐父徐廣曰在梁碭之間奔走而東至於丹徒越人禽之身死絕祀爲天下笑夫以吳越之衆不能成功者何誠逆天道而不知時也方今大王之兵衆不能十分吳楚之一天下安寧有萬倍

於吳楚之時願大王從臣之計大王不從臣之計今見大王事必不成而語先泄也臣聞微子過故國而悲於是作麥秀之歌是痛紂之不用王子比干也故孟子曰紂貴爲天子死曾不若匹夫是紂先自絕於天下久矣非死之日而天下去之今臣亦竊悲大王棄千乘之君必且賜絕命之書爲羣臣先死於東宮也如淳曰王時所居也於是王氣怨結而不揚涕滿匡而橫流即起歷階而去王有孽子不害最長王弗愛王王后太子皆不以爲子兄數如淳曰不以爲子兄秩數不害有子建材高有

氣常怨望太子不省其父（服虔曰不省錄著兄弟數中）又怨時諸侯皆得分子弟爲侯而淮南獨二子一爲太子建父獨不得爲侯建陰結交欲告敗太子以其父代之太子知之數捕繫而榜笞建建具知太子之謀欲殺漢中尉即使所善壽春莊芷（索隱曰漢書作嚴正）以元朔六年上書於天子曰毒藥苦於口利於病忠言逆於耳利於行今淮南王孫建材能高淮南王王后荼荼子太子遷常疾害建建父不害無罪擅數捕繫欲殺之今建在可徵問具知淮南陰事書聞上以其事下廷尉廷尉下

河南治是時故辟陽侯孫審卿善丞相公孫弘怨淮南厲王殺其大父乃深購淮南事於弘弘乃疑淮南有畔逆計謀深窮治其獄河南治建辭引淮南太子及黨與淮南王患之欲發問伍被曰漢廷治亂伍被曰天下治王意不說謂伍被曰公何以言天下治也被曰被竊觀朝廷之政君臣之義父子之親夫婦之別長幼之序皆得其理上之舉錯遵古之道風俗紀綱未有所缺也重裝富賈周流天下道無不通故交易之道行南越賓服羌僰入獻東甌入降廣長榆（如淳

曰廣謂拓大之也長榆塞名王恢所謂樹榆爲塞開朔方匈奴折翅傷翼失
援不振雖未及古太平之時然猶爲治也王怒
被謝死罪王又謂被曰山東即有兵漢必使大
將軍將而制山東公以爲大將軍何如人也被
曰被所善者黃義從大將軍擊匈奴還告被曰
大將軍遇士大夫有禮於士卒有恩衆皆樂爲
之用騎上下山若蜚材幹絶人被以爲材能如
此數將習兵未易當也及謁者曹梁使長安來
言大將軍號令明當敵勇敢常爲士卒先休舍
穿井未通須士卒盡得水乃敢飲軍罷卒盡已

渡河乃度皇太后所賜金帛盡以賜軍吏雖古
名將弗過也王默然淮南王見建已徵治恐國
陰事且覺欲發被又以爲難乃復問被曰公以
爲吳興兵是邪非也被曰以爲非也吳王至富
貴也舉事不當身死丹徒頭足異處子孫無遺
類徐廣曰一作噍音寂笑反臣聞吳王悔之甚願王孰慮之無
爲吳王之所悔王曰男子之所死者一言耳徐廣
曰一本無此言字駰案張晏曰不成則死一計耳瓚曰或有一言之云以死執之矣且吳何知反
瓚曰言吳王不知舉兵反○索隱曰案知猶解也漢將一日過成皋者四十
餘人如淳曰言吳不塞成皋口而令漢將得出之今我令樓緩漢書直云緩無

樓字樓緩乃六國時人疑此後人所益也李奇曰緩似人姓名韋昭曰淮南臣名先要成皐之口正義曰成皐故在河南氾水縣東南二里周被下潁川兵塞轘轅伊闕之道正義曰轘轅故關在河南緱氏縣南四十里伊闕故關在河南縣南十九里陳定發南陽兵守武關正義曰故武關在商州商洛縣東九十里春秋時闕文河南太守獨有雒陽耳何足憂然此北尚有臨晉關河東上黨與河内趙國人言曰絶成皐之口天下不通據三川之險正義曰即成皐關也招山東之兵舉事如此公以爲何如被曰臣見其禍未見其福也王曰左吳趙賢朱驕如皆以爲有福什事九成公獨以爲有禍無福何也被曰大王之羣臣近幸素能使衆者皆前繫詔獄餘無可用者王曰陳勝吳廣無立錐之地千人之聚起於大澤奮臂大呼而天下響應西至於戲而兵百二十萬今吾國雖小然而勝兵者可得十餘萬非直適戍之衆鐖鑿棘矜也徐廣曰大鐮謂之剴音五哀反或是鐖乎○索隱曰劉氏鐖音吾裹反鑿音自各反又鐖鄒音機鐮音廉公何以言有禍無福被曰往者秦爲無道殘賊天下興萬乘之駕作阿房之宮收太半之賦發閭左之戍正義曰閭左邊不役之民秦則役之也父不寧子兄不便弟政苛刑峻天下熬然若焦索隱曰即消反民皆引領而望傾耳而聽悲號仰天叩心而

怨上故陳勝大呼天下響應當今陛下臨制天
下一齊海內汎愛蒸庶布德施惠口雖未言聲
疾雷霆令雖未出化馳如神心有所懷威動萬
里下之應上猶影響也而大將軍材能不特章
邯楊熊也大王以陳勝吳廣諭之被以為過矣
王曰苟如公言不可徼幸邪被曰被有愚計王
曰奈何被曰當今諸侯無異心百姓無怨氣朔
方之郡田地廣水草美民徙者不足以實其地
臣之愚計可偽為丞相御史請書徙郡國豪桀
任俠及有耐罪以上應劭曰輕罪不至於髡完其耐鬢故曰耐字與彡髮膚之意蘇林以

為法度之字皆從寸後攺如是耐音若能如淳曰律耐為司寇耐為鬼薪白粲耐猶任也蘇林曰一歲為罰作二歲刑已上為耐耐能任其罪
赦令除其罪產五十萬以上者皆徙其
家屬朔方之郡益發甲卒急其會日又偽為左
右都司空上林中都官詔獄逮書諸侯太子幸
臣晉灼曰百官表宗正有左右都司空上林有水司空皆主囚徒官也如此則民怨諸侯
懼即使辯武徐廣曰淮南人名士曰武隨而說之儻可徼幸
什得一乎王曰此可也雖然吾以為不至若此
於是王乃令官奴入宮作皇帝璽丞相御史大
將軍軍吏中二千石都官令丞印及旁近郡太
守都尉印漢使節法冠蔡邕曰法冠楚王冠也秦滅楚以其君冠賜御史○索隱

曰崔浩云一名獬豸冠也欲如伍被計使人僞得罪而西蘇林曰詐
作罪人而西也事大將軍丞相一日發兵如淳曰發淮南兵也○索隱曰崔浩
曰一日猶一朝卒然無定時也使人即刺殺大將軍青而說丞相
下之如發蒙耳如淳曰以物蒙覆其頭而爲發去其人欲之耳韋昭曰如蒙巾發之甚易王
欲發國中兵恐其相二千石不聽王乃與伍被
謀先殺相二千石僞失火宮中相二千石救火至
即殺之計未決又欲令人衣求盜衣漢書音義曰卒衣也持
羽檄從東方來呼曰南越兵入界欲因以發兵
乃使人至廬江會稽爲求盜未發王問伍被曰
吾舉兵西鄉諸侯必有應我者即無應奈何被

曰南收衡山以擊廬江有尋陽之船守下雉之
城徐廣曰在江夏駰案蘇林曰下雉縣名○索隱曰雉音全爾反縣名在江南結九江之浦絕
豫章之口正義曰即彭蠡湖口北流出大江者彊弩臨江而守以禁
南郡之下東收江都會稽正義曰江都揚州也會稽蘇州也南通
勁越屈彊江淮閒猶可得延歲月之壽王曰善
無以易此急則走越耳於是廷尉以王孫建辭
連淮南王太子遷聞上遣廷尉監因拜淮南中
尉逮捕太子至淮南淮南王聞與太子謀召相
二千石欲殺而發兵召相相至內史以出爲解
中尉曰臣受詔使不得見王王念獨殺相而內

史中尉不來無益也即罷相王猶豫計未決太子念所坐者謀刺漢中尉所與謀者已死以為口絶乃謂王曰羣臣可用者皆前繫今無足與舉事者王以非時發恐無功臣願會逮王亦偷欲休（徐廣曰偷苟且也）即許太子太子即自剄不殊（晉灼曰不殊不死）伍被自詣吏因告與淮南王謀反反蹤跡具如此吏因捕太子王后圍王宮盡求捕王所與謀反賓客在國中者索得反具以聞上下公卿治所連引與淮南王謀反列侯二千石豪傑數千人皆以罪輕重受誅衡山王賜淮南王弟也

當坐收有司請逮捕衡山王天子曰諸侯各以其國為本不當相坐與諸侯王列侯會肆丞相諸侯議（徐廣曰詣都座就丞相共議也○索隱曰案肆習也音異）趙王彭祖列侯臣讓等四十三人議皆曰淮南王安甚大逆無道謀反明白當伏誅膠西王臣端議曰淮南王安廢法行邪懷詐偽心以亂天下熒惑百姓倍畔宗廟妄作妖言春秋曰臣無將將而誅安罪重於將謀反形已定臣端所見其書節印圖及他逆無道事驗明白甚大逆無道當伏其法而論國吏二百石以上及比者（徐廣曰比吏而非真）宗室近幸

臣不在法中者不能相教當皆免削爵爲士伍毋得宦爲吏其非吏他贖死金二斤八兩蘇林曰非吏故曰他以章臣安之罪使天下明知臣子之道毋敢復有邪僻倍畔之意丞相弘廷尉湯等以聞天子使宗正以符節治王未至淮南王安自剄殺徐廣曰即位凡四十二年元狩元年十月死王后荼太子遷諸所與謀反者皆族天子以伍被雅辭多引漢之美欲勿誅廷尉湯曰被首爲之畫反謀被罪無赦遂誅被國除爲九江郡徐廣曰又爲六安國以陳縣爲都

衡山王賜王后乘舒正義曰衡山王王后名也生子三人長男爽爲太子次男孝次女無采又姬徐來生子男女四人美人厥姬生子二人衡山王淮南王兄弟相責望禮節間不相能衡山王聞淮南王作爲畔逆反具亦心結賓客以應之恐爲所并元光六年衡山王入朝其謁者衞慶有方術欲上書事天子王怒故劾慶死罪彊榜服之衡山内史以爲非是郤其獄王使人上書告内史内史治言王不直王又數侵奪人田壞人冢以爲田有司請逮治衡山王天子不許爲置吏二百石以上如淳曰漢儀注吏四百石已下自調除國中今天子皆爲置之衡山王以此

恚與奚慈張廣昌謀求能爲兵法候星氣者日夜從容王密謀反事徐廣曰密豫作計校王后乘舒死立徐來爲王后厥姬俱幸兩人相妒厥姬乃惡王后徐來於太子曰徐來使婢蠱道殺太子母太子心怨徐來徐來兄至衡山太子與飲以刃刺傷王后兄王后怨怒數毀惡太子於王太子女弟無采嫁棄歸與奴姦又與客姦太子數讓無采無采怒不與太子通王后聞之即善遇無采無采及中兄孝少失母附王后王后以計愛之與共毀太子王以故數擊笞太子元朔四年中

人有賊傷王后假母者漢書音義曰傅母屬王疑太子使人傷之笞太子後王病太子時稱病不侍孝王后無采惡太子太子實不病自言病有喜色王大怒欲廢太子立其弟孝王后知王決廢太子又欲并廢孝王后有侍者善舞王幸之王后欲令侍者與孝亂以汙之欲并廢兄弟而立其子廣代太子太子爽知之念后數惡己無已時欲與亂以止其口王后飲太子前爲壽因據王后股求與王后臥王后怒以告王王乃召欲縛而笞之太子知王常欲廢己立其弟孝乃謂王曰孝

與王御者姦無采與奴姦王彊食請上書即倍王去王使人止之莫能禁乃自駕追捕太子太子妄惡言王械繫太子宮中孝日益親幸王奇孝材能乃佩之王印號曰將軍令居外宅多給金錢招致賓客賓客來者微知淮南衡山有逆計日夜從容勸之王乃使孝客江都人救赫陳喜作輣車鏃矢徐廣曰輣車戰車也音扶萌反○索隱曰救漢書作枚劉向別錄云易家有救民之法也刻天子璽將相軍吏印王日夜求壯士如周丘等數稱引吳楚反時計畫以約束衡山王非敢效淮南王求即天子位畏淮南起并其國以

爲淮南已西發兵定江淮之間而有之望如是元朔五年秋衡山王當朝六年過淮南淮南王乃昆弟語除前郤約束反具衡山王即上書謝病上賜書不朝元朔六年中衡山使人上書請廢太子爽立孝爲太子爽聞即使所善白嬴之長安上書索隱曰白嬴音盈人姓名也言孝作輣車鏃矢與王御者姦欲以敗孝白嬴至長安未及上書吏捕嬴以淮南事繫王聞爽使白嬴上書恐言國陰事即上書反告太子爽所爲不道棄市罪事事下沛郡治元朔七年冬有司公卿下沛郡求捕所

與淮南謀反者未得得陳喜於衡山王子孝家吏劾孝首匿喜孝以爲陳喜雅數與王計謀反恐其發之聞律先自告除其罪又疑太子使白嬴上書發其事即先自告告所與謀反者救赫陳喜等廷尉治驗公卿請逮捕衡山王治之天子曰勿捕遣中尉安（索隱曰按漢書表司馬安也）大行息（索隱曰案漢書表李息）即問王王具以情實對吏皆圍王宮而守之中尉大行還以聞公卿請遣宗正大行與沛郡雜治王王聞即自剄殺孝先自告反除其罪坐與王御婢姦棄市王后徐來亦坐蠱殺前王

后乘舒及太子爽王告不孝皆棄市諸與衡山王謀反者皆族國除爲衡山郡

太史公曰詩之所謂戎狄是膺荊舒是懲信哉是也淮南衡山親爲骨肉疆土千里列爲諸侯不務遵蕃臣職以承輔天子而專挾邪僻之計謀爲畔逆仍父子再亡國各不終其身爲天下笑此非獨王過也亦其俗薄臣下漸靡使然也夫荊楚僄勇輕悍好作亂乃自古記之矣

索隱述贊曰

淮南多橫　舉事非正　天子寬仁

其過不更 輣車致禍 斗粟成詠
王安好學 女陵作詷 兄弟不和
傾國殞命

淮南衡山列傳第五十八 史記一百一十八

循吏列傳第五十九 索隱曰謂本法循理之吏也　史記一百一十九

太史公曰法令所以導民也刑罰所以禁姦也文武不備良民懼然身修者官未曾亂也奉職循理亦可以為治何必威嚴哉

孫叔敖者正義曰說苑云孫叔敖為令尹一國吏民皆來賀有一老父衣麤衣冠白冠後來弔曰有身貴而驕人者民亡之位已高而擅權者君惡之祿已厚而不知足者患處之叔敖再拜敬受命願聞餘教父曰位已高而意益下官益大而心益小祿已厚而慎不取君謹守此三者足以治楚楚之處士也虞丘相進之於楚莊王以自代也三月為楚相施教導民上下和合世俗盛美政緩禁止吏無姦邪盜賊不起秋冬則勸民山採春夏以水徐廣曰乘多水時而出材竹各得其所便民皆樂其生莊王以為幣輕更以小為大百姓不便皆去其業市令言之相曰市亂民莫安其處次行不定相曰如此幾何頃乎市令曰三月頃相曰罷吾今令之復矣後五日朝相言之王曰前日更幣以為輕今市令來言曰市亂民莫安其處次行之不定臣請遂令復如故王許之下令三日而市復如故楚民俗好庳車索隱曰庳下也音婢王以為庳車不便馬欲下令使高之相曰令數下民不知所從不可王必欲高

車臣請教閭里使高其梱索隱曰梱門限也音口本反乘車者皆君子君子不能數下車王許之居半歲民悉自高其車此不教而民從其化近者視而效之遠者四面望而法之故三得相而不喜知其材自得之也三去相而不悔知非己之罪也皇覽曰孫叔敖冢在南郡江陵故城中曰土里民傳孫叔敖曰葬我廬江陂後當爲萬户邑去故楚都郢城北二十里所或曰孫叔敖激沮水作雲夢大澤之池也

子產者鄭之列大夫也索隱曰按有管晏列傳其國僑羊舌肸等亦古之賢大夫合著在管晏之下不宜散入循吏之篇鄭昭君之時以所愛徐摯爲相索隱曰按鄭系家云子產鄭成公之少子事簡公定公封以六邑子產不事昭君亦無徐贄作相之事抑別有所出太史記異耳國亂上下不親父子不和大宮子期言之君以子產爲相索隱曰子期亦鄭之公子也左傳國語亦無其説按系家鄭相子西子駟之子與子產同時蓋亦子期之兄弟也爲相一年豎子不戲狎斑白不提挈僮子不犁畔二年市不豫賈索隱曰賈音價謂臨時評其貴賤不豫定賈三年門不夜關徐廣曰一作閉道不拾遺四年田器不歸五年士無尺籍正義曰言士民無一尺方板之籍書什伍什伍相保也喪期不令而治治鄭二十六年而死丁壯號哭老人兒啼曰子產去我死乎民將安歸皇覽曰子產冢在河南新鄭城外大冢是也○索隱曰按左傳及系家云子產死孔子泣曰子產古之遺愛也又韓詩稱子產卒鄭人耕者輟耒婦人損其佩玦也

公儀休者魯博士也以高弟爲魯相奉法循理無所變更百官自正使食祿者不得與下民爭利受大者不得取小客有遺相魚者相不受客曰聞君嗜魚遺君魚何故不受也相曰以嗜魚故不受也今爲相能自給魚今受魚而免誰復給我魚者吾故不受也食茹而美拔其園葵而棄之見其家織布好而疾出其家婦燔其機云欲令農士工女安所讎其貨乎

石奢者楚昭王相也堅直廉正無所阿避行縣道有殺人者相追之乃其父也縱其父而還自

繫焉使人言之王曰殺人者臣之父也夫以父立政不孝也廢法縱罪非忠也臣罪當死王曰追而不及不當伏罪子其治事矣石奢曰不私其父非孝子也不奉主法非忠臣也王赦其罪上惠也伏誅而死臣職也遂不受令自刎而死

李離者晉文公之理也（正義曰理獄官也）過聽殺人自拘當死文公曰官有貴賤罰有輕重下吏有過非子之罪也李離曰臣居官爲長不與吏讓位受祿爲多不與下分利今過聽殺人傳其罪下吏非所聞也辭不受令文公曰子則自以爲有罪

寡人亦有罪邪李離曰理有法失刑則刑失死則死公以臣能聽微決疑索隱曰言能聽察微理以決疑獄故周禮司寇以五聽察獄詞氣色耳目也又尚書曰服念五六日至于旬時是也故使爲理今過聽殺人罪當死遂不受令伏劒而死

太史公曰孫叔敖出一言郢市復子產病死鄭民號哭公儀子見好布而家婦逐石奢縱父而死楚昭名立李離過殺而伏劒晉文以正國法

索隱述贊曰

奉職循理　爲政之先　恤人體國

良史述焉　叔孫鄭產　自昔稱賢

拔葵一利　赦父非僁　李離伏劒

爲法而然

循吏列傳第五十九　史記一百一十九

汲鄭列傳第六十　史記一百二十

汲黯字長孺濮陽人也其先有寵於古之衛君文穎曰六國時衛但稱君至黯七世世爲卿大夫黯以父任孝景時爲太子洗馬以莊見憚索隱曰莊者嚴也謂嚴威也自漢明帝諱莊故已後莊皆云嚴孝景帝崩太子即位黯爲謁者東越相攻上使黯往視之不至至吴而還報曰越人相攻固其俗然不足以辱天子之使河内失火延燒千餘家上使黯往視之還報曰家人失火屋比延燒索隱曰比音鼻不足憂也臣過河南河南貧人傷水旱萬餘家或父子相食臣謹以便宜持節發

河南倉粟以振貧民臣請歸節伏矯制之罪上賢而釋之遷爲滎陽令黯恥爲令病歸田里上聞乃召拜爲中大夫以數切諫不得久留内遷爲東海太守黯學黄老之言治官理民好清靜擇丞史而任之如淳曰律太守都尉諸侯内史史各一人卒史書佐各十人今摠言丞史或以爲擇郡丞及史使任之鄭當時爲大農推官屬丞史亦是也其治責大指而已不苛小黯多病卧閨閤内不出歲餘東海大治稱之上聞召以爲主爵都尉列於九卿治務在無爲而已弘大體不拘文法黯爲人性倨少禮面折不能容人之過合己者善待之不合己者不

能忍見士亦以此不附焉然好學游俠任氣節內行脩絜好直諫數犯主之顏色常慕傅柏袁盎之爲人也應劭曰傅柏梁人爲孝王將素伉直○索隱曰傅音付人姓柏名善灌夫鄭當時及宗正劉棄徐廣曰一云名棄疾○索隱曰漢書見名棄疾亦以數直諫不得久居位當是時太后弟武安侯蚡爲丞相中二千石來拜謁蚡不爲禮然黯見蚡未嘗拜常揖之天子方招文學儒者上曰吾欲云云張晏曰所言欲施仁義也黯對曰陛下內多欲而外施仁義奈何欲效唐虞之治乎上默然怒變色而罷朝公卿皆爲黯懼上退謂左右曰甚矣汲黯之戇也索隱曰戇愚也音陟降反羣臣或數黯黯曰天子置公卿輔弼之臣寧令從諛承意陷主於不義乎且已在其位縱愛身奈辱朝廷何黯多病病且滿三月上常賜告者數如淳曰杜欽所謂病滿賜告詔恩也數者非一也或曰賜告得去官歸家與告居官不視事○索隱曰數音所角反終不愈最後病莊助爲請告徐廣曰最一作其也上曰汲黯何如人哉助曰使黯任職居官無以踰人索隱曰踰音庾案漢書作窬窬猶勝也然至其輔少主守城深堅招之不來麾之不去雖自謂賁育亦不能奪之矣上曰然古有社稷之臣至如黯近之矣大將軍青侍中上踞廁而視之如淳曰廁音側謂牀邊踞牀視之一云溷

廁也廁狀邊側丞相弘燕見上或時不冠至如黯見上不冠不見也上嘗坐武帳中應劭曰武帳織成爲武士象也孟康曰今御武帳置兵蘭五兵於帳中韋昭曰以武名之示威黯前奏事上不冠望見黯避帳中使人可其奏其見敬禮如此張湯方以更定律令爲廷尉黯數質責湯於上前曰公爲正卿上不能褒先帝之功業下不能抑天下之邪心安國富民使囹圄空虛二者無一焉非苦就行放析就功何乃取高皇帝約束紛更之爲如淳曰紛亂也公以此無種矣黯時與湯論議湯辯常在文深小苛黯伉厲守高不能屈忿發罵曰天下謂

刀筆吏不可以爲公卿果然必湯也令天下重足而立側目而視矣是時漢方征匈奴招懷四夷黯務少事承上閒常言與胡和親無起兵上方向儒術尊公孫弘及事益多吏民巧弄索隱曰弄音路洞反上分別文法湯等數奏決讞以幸索隱曰讞音魚列反而黯常毀儒面觸弘等徒懷詐飾智以阿人主取容而刀筆吏專深文巧詆索隱曰音丁禮反陷人於罪使不得反其真以勝爲功上愈益貴弘湯弘湯深心疾黯唯天子亦不說也欲誅之以事弘爲丞相乃言上曰右內史界部中多貴人宗室難治非

素重臣不能任請徙黯爲右內史爲右內史數歲官事不廢大將軍青既益尊姊爲皇后然黯與亢禮人或說黯曰自天子欲羣臣下大將軍大將軍尊重益貴君不可以不拜黯曰夫以大將軍有揖客反不重邪大將軍聞愈賢黯數請問國家朝廷所疑遇黯過於平生淮南王謀反憚黯曰好直諫守節死義難惑以非至如說丞相弘如發蒙振落耳天子既數征匈奴有功黯之言益不用始黯列爲九卿而公孫弘張湯爲小吏及弘湯稍益貴與黯同位黯又非毀弘湯

等已而弘至丞相封爲侯湯至御史大夫故黯時丞相史皆與黯同列或尊用過之黯褊心不能無少望見上前言曰陛下用羣臣如積薪耳後來者居上上默然有閒黯罷上曰人果不可以無學觀黯之言也日益甚居無何匈奴渾邪王率衆來降漢發車二萬乘縣官無錢從民貰馬（索隱曰貰音時夜反貰賒也鄒氏音勢）民或匿馬馬不具上怒欲斬長安令黯曰長安令無罪獨斬黯民乃肯出馬且匈奴畔其主而降漢漢徐以縣次傳之何至令天下騷動罷獘中國而以事夷狄之人乎上

黙然及渾邪至賈人與市者坐當死者五百餘人黯請間見高門如淳曰黄圖未央宮中有高門殿曰夫匈奴攻當路塞絶和親中國興兵誅之死傷者不可勝計而費以巨萬百數臣愚以爲陛下得胡人皆以爲奴婢以賜從軍死事者家所鹵獲因予之以謝天下之苦塞百姓之心今縱不能渾邪率數萬之衆來降虚府庫賞賜發良民侍養譬若奉驕子愚民安知市買長安中物而文吏繩以爲闌出財物于邊關乎應劭曰闌妄也律胡市吏民不得持兵器出關雖於京師市買其法一也瓚曰無符傳出入爲闌陛下縱不能得匈奴之資以謝

天下又以微文殺無知者五百餘人是所謂庇其葉而傷其枝者也臣竊爲陛下不取也上黙然不許曰吾久不聞汲黯之言今又復妄發矣後數月黯坐小法會赦免官於是黯隱於田園居數年會更五銖錢徐廣曰元狩五年行五銖錢民多盜鑄錢楚地尤甚上以爲淮陽楚地之郊乃召拜黯爲淮陽太守黯伏謝不受印詔數彊予然後奉詔詔召見黯黯爲上泣曰臣自以爲填溝壑不復見陛下不意陛下復收用之臣常有狗馬病力不能任郡事臣願爲中郎出入禁闥補過拾遺

臣之願也上曰君薄淮陽邪吾今召君矣索隱曰今猶即今也謂今日後即召君顧淮陽吏民不相得吾徒得君之重臥而治之黯既辭行過大行李息曰黯棄居郡不得與朝廷議也然御史大夫張湯智足以拒諫詐足以飾非務巧佞之語辯數之辭非肯正爲天下言專阿主意主意所不欲因而毀之主意所欲因而譽之好興事舞文法如淳曰舞猶弄也內懷詐以御主心外挾賊吏以爲威重公列九卿不早言之公與之俱受其僇矣息畏湯終不敢言黯居郡如故治淮陽政清後張湯果敗上聞黯與息言抵息罪令黯以諸侯相秩居淮陽如淳曰諸侯王相在郡守上秩眞二千石律眞二千石奉月二萬二千石月萬六千七歲而卒徐廣曰元鼎五年卒後上以黯故官其弟汲仁至九卿子汲偃至諸侯相黯姑姊子司馬安亦少與黯爲太子洗馬安文深巧善宦官四至九卿以河南太守卒昆弟以安故同時至二千石者十人濮陽段宏索隱曰案漢書作段宏始事蓋侯信徐廣曰太后兄王信信任宏宏亦再至九卿然衞人仕者皆嚴憚汲黯出其下

鄭當時者字莊陳人也其先鄭君漢書音義曰當時父嘗爲項籍將籍死已而屬漢高祖令諸故項籍

臣名籍鄭君獨不奉詔詔盡拜名籍者爲大夫
而逐鄭君鄭君死孝文時鄭莊以任俠自喜脫
張羽於戹服虔曰梁孝王之將楚相之弟聲聞梁楚之間孝景時
爲太子舍人每五日洗沐常置驛馬長安諸郊
如淳曰交道四通勳也請賓客便瓚曰諸郊謂長安四面郊祀之勳閑靜可以請賓客○索隱曰置即驛馬謂於置著馬也存諸故人請謝賓客夜以繼日至其明旦常
恐不徧莊好黃老之言其慕長者如恐不見年
少官薄然其游知交皆其大父行天下有名之
士也武帝立莊稍遷爲魯中尉濟南太守江都
相至九卿爲右内史以武安侯魏其時議貶秩

爲詹事遷爲大農令莊爲太史誡門下客至無
貴賤無留門者執賓主之禮以其貴下人莊廉
又不治其產業仰奉賜以給諸公然其餽遺人
不過算器食徐廣曰算音先管反竹器○索隱曰算謂竹器以言無銅漆也漢書作具器食每
朝候上之間說未嘗不言天下之長者其推轂
士及官屬丞史誠有味其言之也常引以爲賢
於己未嘗名吏與官屬言若恐傷之聞人之善
言進之上唯恐後山東士諸公以此翕然稱鄭
莊鄭莊使視決河自請治行五日如淳曰治行謂莊嚴也上
曰吾聞鄭莊行千里不齎糧請治行者何也然

鄭莊在朝常趨和承意不敢甚引當否及晚節漢征匈奴招四夷天下費多財用益匱莊任人賓客爲大農僦人徐廣曰一作入一云賓客爲大農僦人僦人蓋與生財利如今方宜矣駰案晉灼曰當時爲大農而任使其賓客辜較任僦也瓚曰任人謂保任見舉者○索隱曰僦音即僦反辜較音姑角謂當時作大農任賓客僦人取庸直也或者貰物以應官取庸故下云多逋負也辜較字亦作酤榷榷者獨也言國家獨榷酤也此云辜較亦謂令賓客任人專其利故云辜較也多逋負司馬安爲淮陽太守發其事莊以此陷罪贖爲庶人頃之守長史如淳曰丞相長史也上以爲老以莊爲汝南太守數歲以官卒鄭莊汲黯始列爲九卿廉內行脩絜此兩人中廢家貧賓客益落索隱曰落零落猶散落也及居郡卒後家無餘貲財莊兄弟子孫以莊故至二千石六七人焉

太史公曰夫以汲鄭之賢有勢則賓客十倍無勢則否況衆人乎下邽翟公有言徐廣曰邽一作邳○索隱曰邽音圭縣名屬京兆始翟公爲廷尉賓客闐門及廢門外可設雀羅翟公復爲廷尉賓客欲往翟公乃大署其門曰一死一生乃知交情一貧一富乃知交態一貴一賤交情乃見汲鄭亦云悲夫

索隱述贊曰河南矯制自古稱賢淮南卧理天子伏焉積薪興歎伉直愈堅鄭莊推士天

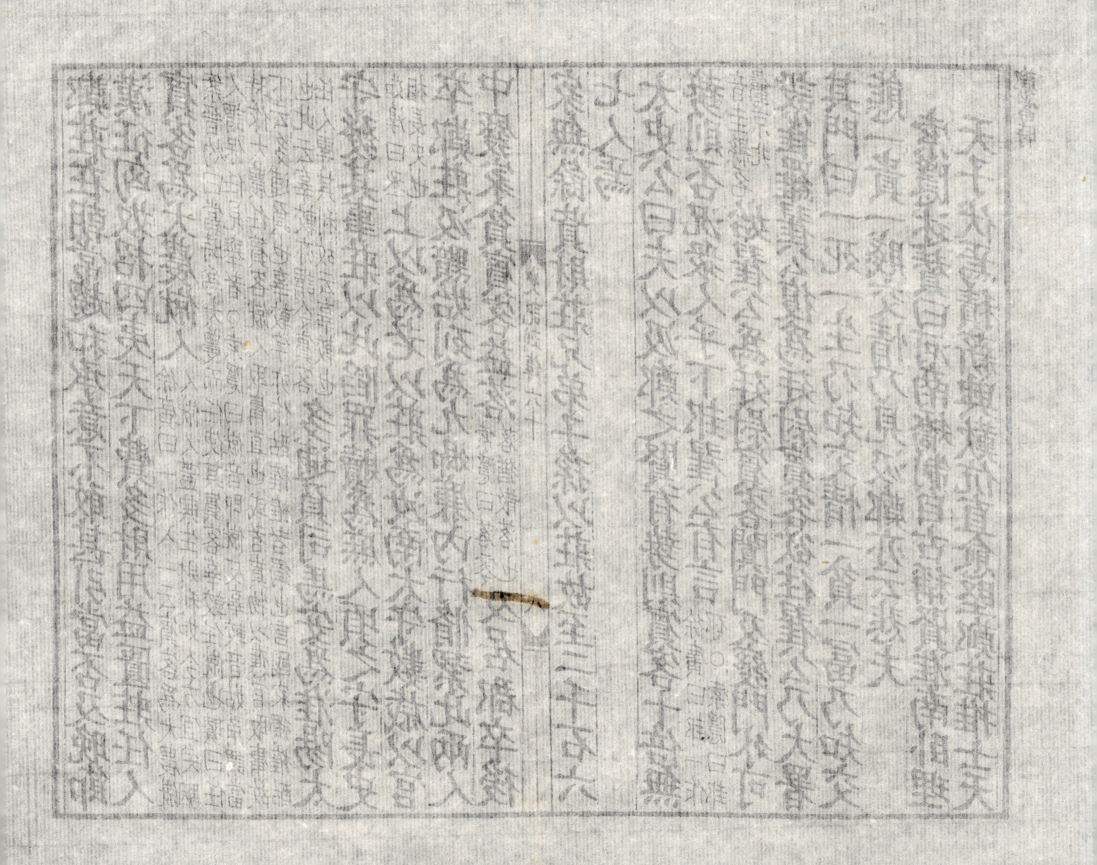

下㑹翟公然交道勢利翟公愴𢗅

汲鄭列傳第六十　　史記百二十